張守中
孫小滄
郝建文 撰集

郭店楚簡文字編

張頷

文物出版社

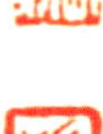

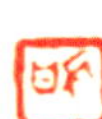

圖書在版編目（CIP）數據

郭店楚簡文字編／張守中，張小滄，郝建文編撰．—北京：文物出版社，2000.5（2019.7 重印）

ISBN 978－7－5010－1210－7

Ⅰ．①郭…　Ⅱ．①張…②張…③郝…　Ⅲ．①竹簡文—研究—中國—楚國（？－前 223）　Ⅳ．①K877.54

中國版本圖書館 CIP 數據核字（2017）第 210711 號

郭店楚簡文字編

編　　者：張守中　張小滄　郝建文

責任編輯：蔡　敏
責任印製：張道奇

出版發行：文物出版社
社　　址：北京市東直門内北小街 2 號樓
郵　　編：100007
網　　址：http：//www.wenwu.com
郵　　箱：web@wenwu.com
經　　銷：新華書店
印　　刷：北京君昇印刷有限公司
開　　本：787mm×1092mm　1/16
印　　張：15.5
版　　次：2000 年 5 月第 1 版
印　　次：2019 年 7 月第 3 次印刷
書　　號：ISBN 978－7－5010－1210－7
定　　價：90.00 圓

目録

序言

中國的古文字學，歷來有纂輯文字編的傳統。早在北宋，金石之學興盛發達，藍田吕大臨所著《考古圖》，是最早的金文著録，其書附有《考古圖釋文》，實即金文的文字編。吕氏稱，金文「凡與《説文》同者，訓以隸字及加反切，其不同者，略以類例文義解于下。所從部居可别，而音讀無傳者，各隨所部收之，以備考證」，這一體例爲後來種種文字編遵循沿用。

清代金石學家名流輩出，所撰文字編最著稱者，當推吴大澂的《説文古籀補》。該書材料宏富，釋讀確當，兼以寫刻俱精，廣受學界讚賞。續起模仿的作品不一而足，但祇有丁佛言《説文古籀補補》在陶文、璽印等方面擅長，其他識見皆不及吴氏。

一九二五年初版的容庚先生《金文編》，内容之豐，編例之善，都超過《説文古籀補》一系。其後屢次修訂擴充，均以謹慎闕疑爲一貫宗旨，成爲近年各種文字編的典範。

河北省文物研究所張守中先生，在撰著古文字的文字編工作中有特殊貢獻。他已出版的河北平山中山王嚳墓器銘、湖北雲夢睡虎地秦簡、湖北荆門包山楚簡等的文字編，俱能風行於海内外，爲學者廣泛使用。這是由於他不僅在古文字學領域有深入研究，又長於書法，致使這些文字編有很高的學術水準和藝術價值。這在我爲張先生《包山楚簡文字編》寫的小序裏已經説明過了。現在他又撰成荆門郭店楚簡的文字編，在書的質量上更有進益，自然是值得我們歡迎和感謝的。

郭店楚簡出土於一九九三年冬季，内涵包括儒道兩家珍貴典籍。發掘後有訊息傳出其間有戰國時本《老子》，即已震動學術界。實則簡内儒家著作更多，年代居於孔孟之間，意義之重大也不難想見。這批楚簡經過發掘整理者多方努力，於一九九八年五月由文物出版社以《郭店楚墓竹簡》爲題出版。

如人所週知，近年中國的考古工作發展迅速。有許多影響重大的發現，但像郭店簡這樣一公佈就成爲學界討論焦點的，確屬罕見。《郭店楚墓竹簡》問世的當月，在中國北京，在美國達默思大學，都召開了規模很大的學術討論會。隨後，不同形式的研討會、講讀班、座談會、報告會，連續於國内外舉行，現今仍在繼續，論文、專刊，以至專著，也不斷湧現。

郭店楚簡之成為吸引注意的中心，並不是什麼異數。春秋末至戰國的百家争鳴時期，是中國學術史、文化史最輝煌的時代之一，而且是中國古代文化傳統奠立基礎的所謂樞紐時代，最重要的經子典籍即産生在此時。然而由於秦代焚書的劫難，經過歷世滄桑的曲折，大量書籍不幸散佚，多數甚至蕩然無存，有的在傳流過程中失去本來面目，遭到懷疑否定，古代的學術文化真相在明昧之間。如今發現像郭店楚簡之類的原本典籍，使大家得以直接窺見兩千多年前寫本真迹，怎不令人心情欣奮？

然而郭店一類簡帛不是後人易於釋讀的。西漢時發現孔壁中經，西晋時獲得汲冢竹書，都是戰國簡，不知耗損了多少人的心力。竹簡經過散亂，必須整理綴聯，同時上面的戰國古文，漢晋時人已不易辨識。文字不能準確釋讀，就談不上典籍内容的深入理解。因此，對郭店簡的研究，不能急於談論發揮簡文的義理，首先還是要正確釋定簡的文字，而研究簡的文字，最基本的工作環節正是編一部完整的文字編。

郭店楚簡對古文字研究，特别是戰國文字的研究，有着十分重要的意義。我在《包山楚簡文字編》序中曾經説過，現代的戰國文字研究是從楚國文字開始。一九三三至一九三八年安徽壽縣李三孤堆出土的楚國青銅器，一九四二年湖南長沙子彈庫發現的楚國帛書，都有較多文字，不像璽印、貨幣、陶文等文字簡略，没有上下文可推。郭店楚簡更進一步，其間若干典籍有傳世本可以對照，從而能够釋出好多文字，有的是多年無法釋出的。這對於楚文字以及整個戰國文字的研究，有着非常重要的價值。

我們還應考慮到，戰國文字是中國古文字發展中的一個很關鍵的階段。前人考釋商周文字，由《説文》出發，但是《説文》主要是小篆，所録古籀無多，而秦漢小篆上距西周春秋文字差了一大截，更不要説殷商了。戰國文字上承春秋，下啓秦漢，列國異形，又多變化，極其需要研究。郭店簡發表後，利用簡中文字的研究成果，進而考定商或西周文字，已有一些成功例子，值得接着做下去。

張守中先生的這部書，於釋讀郭店簡各家之説廣爲搜集，慎加抉擇，實際是總結綜括了各家的已有成果。這對我們進一步研究郭店簡，以及研究其他類似的楚文字材料，如不久即將出版的上海博物館購藏的楚簡，都是必要的。謹在此向大家推薦。

李學勤

二〇〇〇年五月十六日

凡例

一 本編收録文字選自文物出版社《郭店楚墓竹簡》一書，分編單字、合文、存疑字、殘字四部分。

一 本編收録文字選摘典型字例，重複字形詳作統計，注明重見例數。

一 入選單字凡一千二百二十六字，重文二千四百一十一字，分別部居略依許慎《説文解字》。凡説文已有之字，字頭以小篆書寫，附注楷書釋文，説文所無之字，字頭以楷體隸字。

一 入選合文凡二十一例，重文十一例，略依筆畫簡繁排序。

一 入録存疑字凡五十三字，重文十一字，各字之下録詞例、句例以便研究。詞例、句例中以「—」代替本字，「□」爲原簡斷缺或不識之字。

一　入録殘字凡七字，均係孤例，按楷釋筆畫簡繁排序。簡文中多數殘字，凡已有完整字形者未予收録。

一　審釋文字兼采各家考證之説。

一　本編收録各字均注明篇題代號及簡號，各篇題代號如下：

老甲——老子甲
老乙——老子乙
老丙——老子丙
太　——太一生永
緇　——緇衣
魯　——魯穆公問子思
窮　——窮達以時
五　——五行
唐　——唐虞之道
忠　——忠信之道

成——成之聞之
尊——尊德義
性——性自命出
六——六德
語一——語叢一
語二——語叢二
語三——語叢三
語四——語叢四
殘——竹簡殘片

一 卷後列檢字表，各字按筆畫排序，以便檢索。

郭店楚簡文字編

張守中 張小滄 郝建文 撰集

第一

一 老甲二二

成八 三例

太一 五例

緇五 九例

緇一七 二例

性九 二例

六四〇 二例

窮一四

天 老甲四 三十七例

唐一六 三例

唐一八

老甲五 七例

成三一 三例

老甲二〇 二十三例

老乙一五 十六例

語一 二 六例

上 老乙九 六例

唐二〇 三例

帝　丅　卡　福

帝 — 老甲三 二十七例；緇三 六例；成一二 四例

成六 二例；成九

帝

緇七 二例；五四八；六三八

唐八；唐九

下

六二三；唐一 十五例；老甲四 十六例

老甲三 二十七例；緇三 四例；六四一

尊三六 三例；語一 六五 二例

六五；六三四；六三九

福

老甲三八；尊二七；性五二

成一八；成一七；尊二

祗 神 祭 祀 社 祡 禝 ⿰礻畏 ⿱尚示

語四 三

老甲 三一

祇

老乙 一二

神

太二

太五 二例

唐一五

祭

老乙 一六

性六六

祀

老乙 一六

性六六

老丙 二

太一二

窮九

尊二 通禍

唐一〇 通禝

尊七

老乙五

老乙五

緇一六 通常

成三一 四例

成三二

⿰礻曼 三 王 皇 王 士

老甲 三四	成七	三 老甲一 二例 緇一二 七例 成三〇	語三 四一	王 老甲二 十一例 緇八 二例 緇二九 九例	皇 緇四六	忠三 皇字別體 侯馬盟書習見	玉 老甲三八 五一三 三例 五一九 三例	語四 二四	士 老甲八 四例 緇二三 四例 成一三

士	語四 二二 三例
壯	窮一〇
	尊二〇
	性六三
	老甲 三四
中	語一 一九 二例
	語三 三三
	唐五 三例
	老甲 二二
	老甲 二四
	老乙九
	老乙 一四
	性一八
	六一二
	五五 四例
	五五
	五三二
	成二四
屯	老甲九
	緇一
每	語一 三四

茖 窮一三

芒 緇九
語四 三
語四 六

茲 緇一

蒼 老乙 一五

芳 窮一三

藥 五 六
五 二八
五 八

蕝 緇二一
性 一三

蓋 窮三

若 老甲 三八
成 三五 二例
尊 二三
老乙 一 十四例
老乙 一五
老乙 九 二例

芺

老丙 一二

語四 一九 四例

萛

語四 二六

折

老甲 一九

成 三一

性 一九

六 二

語四 一六

緇 二六

性 五九

菫

窮 一三

老甲 三三

春

六 二五

語一 四〇

語三 二〇

藏

老甲 三六

太 六

老乙 九 通笑

老乙 一〇

性 二二

性 二四

苲 莌 莆 莖 葲 萊 萺 蕉 蒝 蔐

蔐	蒝	蕉	萺	萊	葲	莖	莆	莌	苲
六 三一	成 一一	尊 三九	性 二六	緇 一五	性 四七	語四 一〇	尊 二七	老甲 二五	語一 七三
六 三二							語三 三九		

蕙 [illegible] 虊 莫

語三 一五

性三〇

五 二九 通樂

五 五〇

莫

老甲五 九例

老甲一九 二例

老乙一 三例

成二八 三例

成三九 二例

性四八 四例

語三 四七

文五十六 重一百一十二

第二

少 老甲二 四例

尊三七

尊一五 二例

性六一 四例

成三四

緇一〇

語二五一

緇七 九例

五三八 四例

分 窮一

窮一

成三一

六一〇

尔 緇三 二例

緇三九

忠五 三例

緇一六 三例

五四八

語一 五九

六二

六四

六三六 二例

尚 緇三五 四例

忠三

公 緇二三
魯一
魯二 二例

必 老甲八 十二例
尊一三 五例
成七 三例

太一一 二例
緇四〇 十例
成一八 三例

性六〇
成三〇 四例
語三 六五

余 太一四
太一四
成三三 二例

成三六 二例

牛 窮五
窮七
性七

牝 老甲三四

告 緇四七
窮一一

口 五四五 二例
忠五 二例
性七

嗌 含 味 名 君

嗌 老乙三 九例
太九
唐一九

尊四
尊二一
性二八

含 性五二
語一 三八
語一 四〇

味 老丙五

名 老甲一三
太一〇 九例
語一 二 三例

老甲一八 五例
語三 二九
成一三

語一 九六
緇三八

君 老丙六
太八
緇八 九例

窮一五
五五 十例
唐二五 二例

成四 三例
語三 三 五例
緇七 三十五例

命　唯

命
- 語四 二三
- 成六 十七例
- 尊一 二十五例
- 老甲二 三例
- 老甲一九 三例
- 緇一四 二例
- 窮八
- 語三 六八
- 語三 七一
- 語一四 五例
- 成五 三例
- 成二 七例
- 緇二三 二例
- 成一

唯
- 老甲一七
- 老甲一八
- 緇八 二例
- 緇四二
- 老乙一 五例
- 語四 一四
- 成一三 五例
- 成三七
- 成五
- 成二三
- 成九 三例
- 性四〇 六例
- 成二九
- 尊二八 四例
- 六七

六一二 二例

語四 二四

和 老甲一六 五例

老丙三 三例

五四 六例

尊二七 二例

性四六

咠 魯二

台 緇二一

咸 緇五

呈 老甲一〇

吉 老丙八

周 緇四二

窮五

㕣 窮三

窮一〇

吁

語二 一六

語二 一五

各

老甲 二四

尊 二六 二例

五 四二

語一 一〇五 二例

哀

五 一七

語三 四一

語三 五九

殘六 二例

唬

老甲二 二例

老甲五 六例

老甲五

魯四

老甲六

老甲八

老丙二

緇四六

成五

成一九

尊二八 三例

六四

語一 一〇九

舌

緇四 通淑

緇三二

緇三九

時

窮八

喻

五七

六二四

名

語一一二

啐

尊三

舊

成三六

噢

魯六

魯七 二例

嘍

窮一三

嘩

忠九

語二 四三

語二 四六

⿱吅吕	⿱吅殳		嚴	單	咢			哭	喪
窮一四	⿱吅殳 成二九	語四 二三	嚴 五 二二	單 六 一六	老甲九	尊一五	窮一二	哭 性 三〇	喪 老丙八
	成三四	成一八	五 三六 二例		性四八	尊三四		性二九	老丙九
	成三四				性四八	六三			老丙一〇

性六七

語一 九八 二例

止
六 二六 二例

語一 一〇五

語三 五七

語三 五三

老丙四

緇八 五例

老甲 三六 三例

五 一〇 二例

語一 一一一

尊 二〇

前
老甲三

老甲四

窮九

尊二

語二 三

性 一六

性 三八

性 六〇

緇 三二

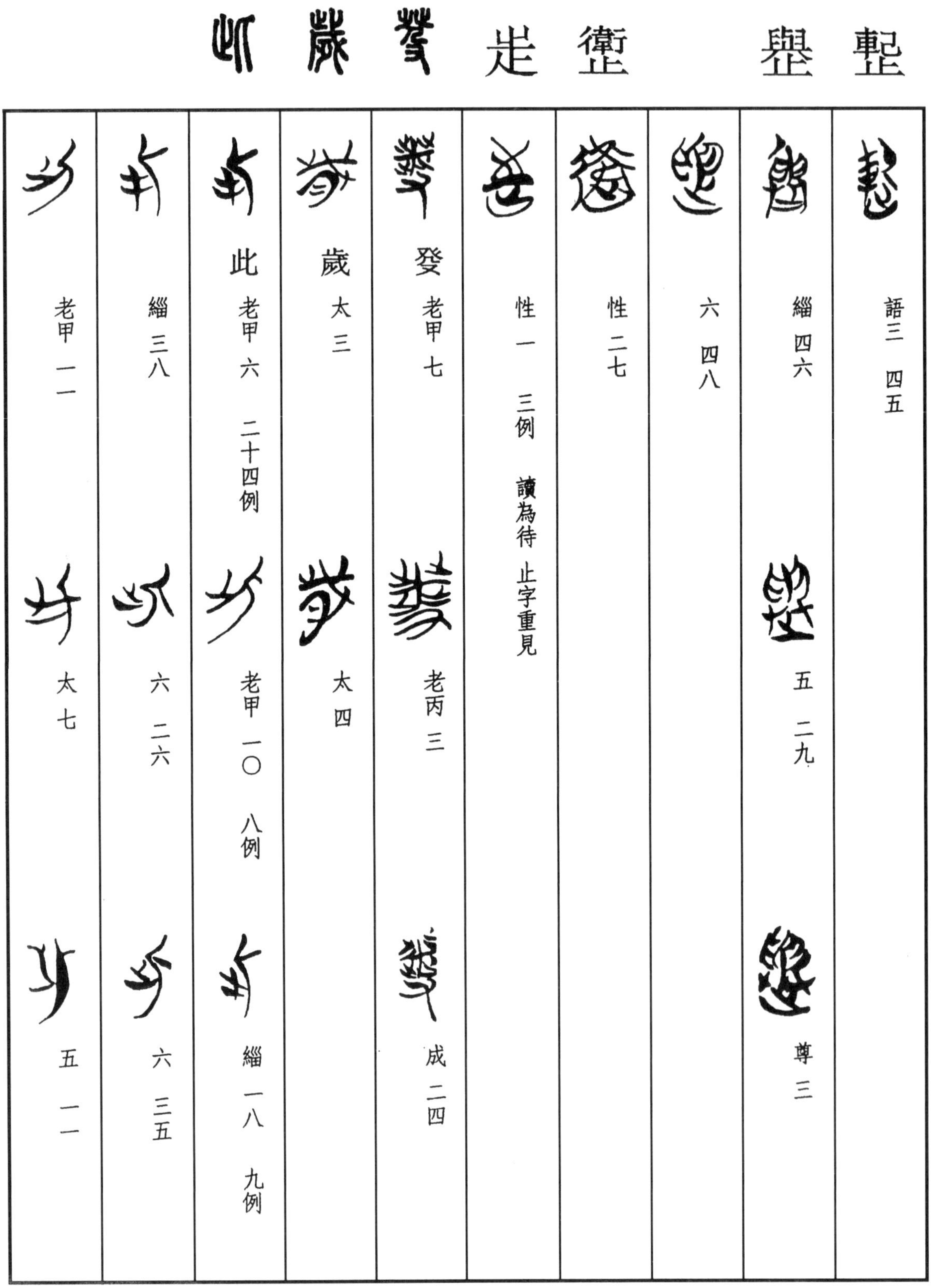

語三 四五
緇 四六
五 二九
尊三
六 四八
性 二七
性一 三例 讀為待 止字重見
癹
老甲 七
老丙 三
成 二四
歲
太三
太四
此
老甲 六 二十四例
老甲 一〇 八例
緇 一八 九例
緇 三八
六 二六
六 三五
老甲 一一
太七
五 一一

正

- 成一八　二例
- 成二五　八例 
- 成三三 
- 語三　六二 
- 殘一二 
- 尊三九 
- 正　唐二六 
- 語二　四〇 
- 語三　二 
- 老甲　二九　七例 
- 唐三 
- 唐三 
- 唐一三 
- 尊二　五例 
- 語一　五九　三例 
- 尊三四 
- 語三　五五 
- 緇二七　二例 
- 唐一三 

是

- 是　老甲三　十四例
- 老乙一　二例 
- 老乙一〇　十四例 
- 老丙七　三例 
- 成四　十五例 
- 成五　九例 
- 尊八　七例 
- 語四　一六

逕 尊二八

六八

六一八

六 三五

邎 語一 一九

語一 二〇 二例

語二 四四

語三 四二 二例

語三 四二

語一 九五 三例

語三 四九

語一 二一

語一 二一

語一 一〇四

述 語一 四二

老甲 三九

老丙 二

五 三四

成六 二例

成 二三

性一四 二例

性一五

過 語三 五二

語三 五二

進 老甲 四
五 四六 二例
五 四七 三例

唐 二八
尊 一六
性 六四

五 四二 二例

逾 老甲 一九
尊 一七

迮 六 二四
六 三八

遣 成 三七

速 尊 二八
性 三六 二例

六 四四
六 三一

迪 尊 二〇
緇 一九
緇 二九

通 性 三五

迻 遷 返 還 遺 逮 遲 避 達

迻 語二 四八

遷 五 三二

返 老甲 三七

六 三七

語二 四五

還 成 三八

尊 二五

遺 語四 二一

逮 語一 七五

遲 老乙 一〇

避 尊 一七

達 老甲 八

五 四三

性 五四

窮 一一

窮 一四

窮 一五

迥 迷 遺 逃 近 遠

語一 六〇
語一 六〇

迥
老甲 二七
六 四五 三例
六 四六

語一 一〇二
語三 四一 二例

迷
語四 一三

遺
老甲 三八
緇 四六

逃
語二 一八

近
五七
尊八
成三七

性三 二例
性二九
性四〇 四例

性三六

遠
老甲 一〇
魯七
成二一

成三七

緇四三

尊一六

性三〇

五 三六 二例

六 四八

殘一五

成一九

成三四

道
老甲 一八 五例

老丙三 六例

語一 一九 六例

老甲 二〇 十二例

語一 三〇 三例

語一 六八

五 二四 十一例

唐三

尊五

尊四

尊六

尊八

尊七 十四例

緇三二 九例

成一五

成二七 三例

老甲 二二

成四

迬 [辶耂] [辶及] [辶攵] [辶己] [辶匚]

成二九
成一八 二例
尊三

五五 二例

語二 三八

尊一七

老甲三一 通起

性六〇
成三一

老乙七
語二 一九 二例

緇三八
緇三九

性一〇
性一一
性一七

成三二

⿺辶比

老丙一三

緇二〇

性三八

語二四〇

老甲一二

迱

語一六 二例

語二四〇

迧

緇一九

緇三九

⿺辶旦

窮七

尊三七

尊三八

尊三八

迲

老乙八

成二一

迬

老甲一〇

⿺辶㠯

語三一〇

途

性一七

字頭	字形	出處
返		五四五
逭		窮六
遊		太六
⿺辶芾		緇一
逧		語一七五
⿺辶亟		緇三四
⿺辶兑		老甲二七
		老乙一三
		老乙一三
		性四六
⿺辶卿		性四四
⿺辶叀		老甲二二
		唐一三
		尊二八

逨

老乙一三 七例

語一 九九

語四 二

成三六

遟

五一七

⿺辶希

五二一

五三四 二例

⿺辶者

唐一四

⿺辶帚

尊二〇

六一一

語一一〇一

⿺辶⿱山目

窮七

⿺辶剌

語四二〇

⿺辶童

老甲二三

尊三九

⿺辶敝

六四六

遊

老乙六 四例

老丙一一

六四一

語二 五〇

語三 五九

老甲一一

遺

六 四八 通戚

復

復

老甲一二

老甲二四 七例

老丙一三

語四 一

成一九

成一九

尊二三

尊三二

尊三四

性一八 三例

往

往

老丙四

尊三一

尊三二

語四 二

箋 老甲 二五

退 老乙 一一 二例　魯 二　性 六五

老甲 三九 二例

後 老甲 三 二例　窮 九　窮 九 二例

唐 六　唐 六　老甲 一六

性 六二　語一 七〇　成 三五 二例

五 四六

得 老甲 五　緇 一八　魯 四

性 三六 三例　六 七 四例　五 八

語三 四七　五 一四　成 一一

御 徂 ⿰彳重 張 ⿰彳庶 徸

御				徂					
語三 五九	老甲 一二 七例	老丙八 四例	御 緇 二三	成一六	忠八	唐一	尊一四	成一六	唐一 四例
成一二	語一 六五 三例			尊七					唐二六
成一三	老乙 六								唐二四 三例

備　廷　建　行　　　衍

唐七　二例	六　四三	廷 成三四	建 老乙一〇	行 老甲一七	唐六　二十七例	成一　五例	語一　二七　二十三例	老甲六　五例	性一二　二十三例
唐二〇　二例			老乙一一	緇一一　十六例	忠六　二例	尊九　五例		老甲一三　二例	語三　六　三例
			老乙一五	窮一　四例	語四　七　六例	性一　四例		忠七　二例	

 齒 唐五  語四 一九	 牙 唐六  語三 九 三例  語三 九	 緇九	 足 老甲二 十五例  緇二〇 十三例  尊三五 七例	 老甲二七 疋字重見	 疋 老甲二八  窮九 二例	 喿 老乙一五  唐二八 二例  性四二	文一百四十三 重三百七十九		

第三

器
老甲三〇
老乙一三　二例

句
緇二三
緇四〇　二十例
成七　二例

成一三　二例
尊六　十二例
尊七　四例

六一二
六一六
六四三

性三一

鉤
語四八

古
老甲五　九例
老丙二　七例
緇九　十八例

魯五　十八例
語一四〇　十一例
尊三七　二十四例

六二三　四例
六二三

字	出處
十	緇四七；尊二七；性三八；六 四五
丈	六 二七
千	窮一〇
廿	唐二五
咠	緇三四
卅	唐二六
世	唐三；唐七；唐二一
言	老甲一 五例；魯四 二十七例；老丙九 五例；五 三九 二例；成二 十五例；成三九 十五例

語 談 詩 ⿱宀言 訓 謀

語	語	語	談	詩	⿱宀言	訓	謀		
成一一	忠五	語 五 三四	談 語四 二三	詩 語一 三八	⿱宀言 語三 六四	訓 尊 三九 三例	謀 老甲 二五	尊 一六 二例	語三 三一
六 三六 五例	忠八	成 三六					緇 二三	六 二一	語四 一三
六 四五	成 三〇						緇 二三	語二 三八	語四 二三 三例

語四 二五 二例

訪

五 四〇

信

老丙一 二例

成二五 二例

尊一五 三例

性三九 三例

語一 二一 二例

語一 六六 二例

成一 五例

尊二 二例

性二三 十三例

緇一八 四例

緇二五

緇一七

忠一 三例

忠二 三例

忠四 四例

忠五 五例

誓

老甲一一

緇三〇 三例

緇一五

語四 四

- 說　成二九
- 話　緇三〇
- 譽　老丙一
- 訇　唐二七
- 譌　忠一　二例；忠四
- 訶　窮五；性二四
- 詘　老乙一四；性四六
- 詬　五一〇　說文詬或從句
- 譯　成二七
- 訂　老甲一九　二例；老丙一二；語一　一〇八

緇七　二例
成二三　九例
成五　四例

成三二

⿱今⿱二曰

六　三六
六　二四

訛

語四　六

⿰言欠

性六二

⿰言攵

六　三六

⿱言廾

緇五　通誥
緇二八
成三八

詁

老甲四

話

尊一五

⿰言支

五　三四

訢

老甲二七

老丙一二

成三八

成三 三例

性二七

成一九

成四〇

⿰言忻

五一七

⿱幺⿰言忻

五一六

誟

性二五

諻

性二二

諑

性二四

⿰言秋

性三三

⿰言异

尊三四

善

老甲七 四例

老乙一五 二例

五一八 七例

魯四 七例

忠七

語一，一七 二例

成二七 十例

尊一六 四例

性五

語一 三二

音

老乙一二

五一九

成二九

五一五

老甲一六

章

尊三九

老甲三一

緇六

緇二 二例

緇一一

語三 一〇

緇二六

童

窮一一

尊三九

語四 一四

僕 老甲一八 | 老甲二 | 語四 一八

奉 老乙一七

弇 成一六 | 成二三 | 六 三一

弆 六 二三

兵 老甲六 | 老甲 二九 | 老丙六 二例

唐一二

具 緇一六

六 三一

共 緇三 四例 | 五 二二 三例 | 五 五〇

六 二三 | 六 二六

異 語二 五二　語三 三　語三 五三

性九　性八

䙳 語四 一六　窮五

與 尊二　成二六 四例　語三 五七

老甲 三五 二例　老甲 二三　老甲 三六

老乙 四　老丙 四 十例　緇 二二

唐 二三　語三 一七　老甲 二〇

老甲 五

興 唐 八　唐 一七

唐 二一

革 爲 鬻 孚 爲

革 唐一二

鬲 窮二

鬻 老丙四 說文鬻或從食耳聲

孚 緇一三

緇二

爲 老甲二 十一例

老甲三 二例

唐一六 八例

老甲八 八例

老乙八 八例

老乙六 二例

老乙三 三例

老乙一五

語一 二九 十二例

語一 五三 八例

語三 三八

殘四

語四 八

老丙 一一

老甲 一四

老丙 一四

忠六

忠六 二例

埶

魯五　十五例
緇八　十一例
老甲六　四例

性四七　九例
尊二八
成一

成三一　四十八例
尊四　六例

六　一四
語一　八六
尊七

尊一四　三例
語三　五一
殘一

緇二一
緇二八
性五

性一一　三例
緇四三

語二　五〇　二例
語二　五〇

又

老甲一　一百一十三例
老甲　一五　四例
太一四　七例

緇二　二十六例
緇四七　五例
性六　二例

成三 三十一例
性四四 十三例
性五二

性四五
語三 二八
魯五 三例

窮一 十例
語四 一四 三例
性三七 二例

語一 二 七例

右
老丙六
老丙九 二例
唐一五

父
語三 一 四例
語三 八 二例
性六一 十二例

成三一
尊七
語一 七八

六 三四 三例
六 二六
六 三四

曼
老乙 一二

央
老乙 一四
語一 九一

尹 緇一六 二例
窮八
緇五

䖒 緇二六
老丙一二
尊二九

及 緇五
語四 五
性五九

成二七
尊二三 二例
性二

語四 二七背

秉 緇九
唐一五
唐一九

唐二四

反 尊三一
成一一 四例
性五六 四例

成一四
老甲二二
太一 二例

成一二

叏

取 五 四三 二例　語二 四九　性五 四例

性二　尊八　老甲七

尊一一 二例　語一 七二　語三 四六

老甲 三〇　尊 一三

友 語三 六二　語四 二三　語四 二三

緇 四二　緇 四五 二例　語一 八〇

六 二八　六 三〇　六 三〇

語三 六

老甲 一　老丙 八　成 三二

尊 一四

叀

老甲二 二例

尊二三 三例

性九 四例

六九 八例

語四 二〇

五三二 二例

語四 一七

敳

老甲一三

廋

尊一七 二例

性二〇 三例

語二五 二例

語四六

語三 四一

語一 八八

語一 六〇 二例

語一 九七

語三 一〇

語三 四四

語三 七一

殘一八

斁

窮六 三例

卑
老甲二〇
緇二三 二例

事
老甲八 三例
老甲一一 七例
老乙一 九例

老甲二九
緇六 三例
語四 一八 三例

尊一五 八例
語一 四一
語二 四五

唐九 六例

𦘔
語三 五六
語三 四三
語三 六二

語三 二四 三例
語一 九〇
性四三

殘二
語四 一五
語四 一五

緇一三

隶
尊三〇
尊三一
尊三二

性三六

臤
緇一七

五 二三 十例

六 一二

語四 一二 二例

語一 五四

語三 五二

唐二

唐六

唐七

唐八 七例

臣
老甲 一八

緇四 七例

唐二四 二例

成三一

六 一七 二例

六 二三 七例

六 四二

六 三九

語四 二三

老丙三

語三 六 二例

魯一 四例

語一 八〇 二例

臧 緇一	毆 語四 二七	語一 一一二	語一 五〇 二例	語一 五二	語一 七五	殺 老丙七 二例	魯六	尊三五	寺 緇一二 五例
窮八			語一 五一 二例			太七	尊三		緇四五 六例
老甲三五			語一 五二			魯五			緇三 六例

窮六

緇一

緇四一

尃

尊三五

成二七

老甲一三

忠八

語一二八

語一八二

語二五

五三七

殘二三

皮

緇一八

語四六

啓

老乙一三

敀

窮七

政

語一六七

改

緇一六

緇一七

尊一

尊四

尊五

六一九

更

六三三 三例

六三二

斂

緇二六

敚

老甲二一 二例

緇三八 二例

緇一一

魯二 二例

語三四

語二四二 二例

攸

性五六

性五七 二例

六四七

老乙一六 二例

老乙一六

老乙一七 二例

敗	老甲一〇 二例；老丙一一 二例；語四一六
（敗）	語四二〇；老丙一二 三例；老甲一一
（敗）	老甲一一
攷	老甲一；老乙一四；性六四
（攷）	性四五
敂	性二三
攻	老甲三九；尊三二
敘	尊三
牧	性四七
（牧）	緇一

[亡攵] 尊三七 二例

[豆攵] 五三五 二例 五三九

[卣攵] 緇四〇 語四一〇

[重攵] 性一〇

敼 語三四六

[童攵] 性一〇 性三〇 性三〇

[童攵] 性二六

數 語四八 語四八

[畾土攵] 窮七

[𤰈攵] 六四一 六四〇

教

語一四三

語三一二

唐五

唐四 三例

唐五 二例

唐一二

唐六

唐二一

尊四

緇一八 三例

成四 二例

性二一 四例

六四〇 七例

尊四 八例

語一一一

學

老乙三

老乙四 三例

尊五

老丙一三 二例

尊四

性八

尊一九 二例

卜

緇四六

貞

貞 老甲一三

老乙一一

緇三 二例

老乙一六

用

用 唐一三

唐一三

唐一二

語三 五五

爾

爾 老甲三〇

文一百三十二 重三百七十七

第四

目

目 性四三

五 四七

語一 五〇

五 四五

唐 二六

瞻

瞻 緇 一六

相

相 老甲 一六 四例

老甲 一六 四例

太二 七例

太三 二例

老甲 一六

六 四九

窮六

青

青 語二 一〇 九例

語三 六八 三例

語三 五七 二例

語二 一 二例

殘 二六

唐 一一

老丙 二

緇五 四例

成 二六

成二六

性二　十九例

成二八

性一

性三九

性三九　二例

性五二

自
語一　九九

語三　一四

語三　一三

老丙　一四

語二　四三

性二

老甲　一二　十一例

老甲　一九　二例

緇三九　四例

語四　一三

皆
老甲　一五　二例

忠七　二例

成二八

六　四五　七例

魯
魯一

者

者 老甲六 十一例
老乙三 十四例 
魯七 六例 

老甲八 十例
老乙七 三例 
老乙三 

老乙一五
老甲一〇 七例 
尊一二 二例 

性四一
尊一九 九十三例 
尊二 四例 

成三七
尊一 二例 
成一〇 七例 

尊八 十例
尊一〇 三例 
老甲二七 

老甲三三
老甲三七 二例 
緇二 

緇六
緇一六 
五 四九 

唐二
唐九 
唐二八 

唐二八
五 一九 七例 
語三 五九 二十九例

五 四〇
語三 五四
語三 五 四例
語三 七二
語三 五三
語三 九 八例
語三 二六
語一 四五 二例
語二 四五
五 四三 四例
五 四四 三例
忠二 五例
忠五 二例
五 四五
唐一五
唐一七
唐二〇
唐二一 四例
語一 七五
智
老甲 六 五例
老乙 二 五十六例
語四 一一 二例
尊三五 二十三例
五 四七 二例
成一七 二例
語一 二五 七例
語一 六三
語一 六三

百 鼻 奭 習 翏

百

- 語一 八 十三例
- 老甲 三四 十九例
- 五 九
- 忠一
- 五 三〇
- 老甲一 四例
- 老丙二 四例
- 緇一一
- 緇一二
- 忠七 二例
- 語一 一八

鼻

- 五 四五

奭

- 緇三六
- 成二三
- 成二九

習

- 性一 二例
- 性一三 二例
- 性六一
- 語三 一三
- 語三 一〇

翏

- 窮九

羿

成三〇

尊二

翌

緇二八

五一一

五一五

緇四四

隹

隹
緇五 三例

緇一〇

緇一〇

語三 五三

雀

雀
太九

緇二八

緇二八

尊二

雒

老甲 一三

奮

奮
性二四

性三四

雚

雚
六 二四 二例

六 二五

性一七

舊 蔑 羊 羘 羣 彝 瞿

性二五 二例

舊 忠三

性二六

老甲三七

語四一

蔑 六 三六

羊 窮七

羘 語一 三三

窮四

羣 老甲三八

忠七

性一三

性一四

彝 性二四

瞿 語二 三二 二例

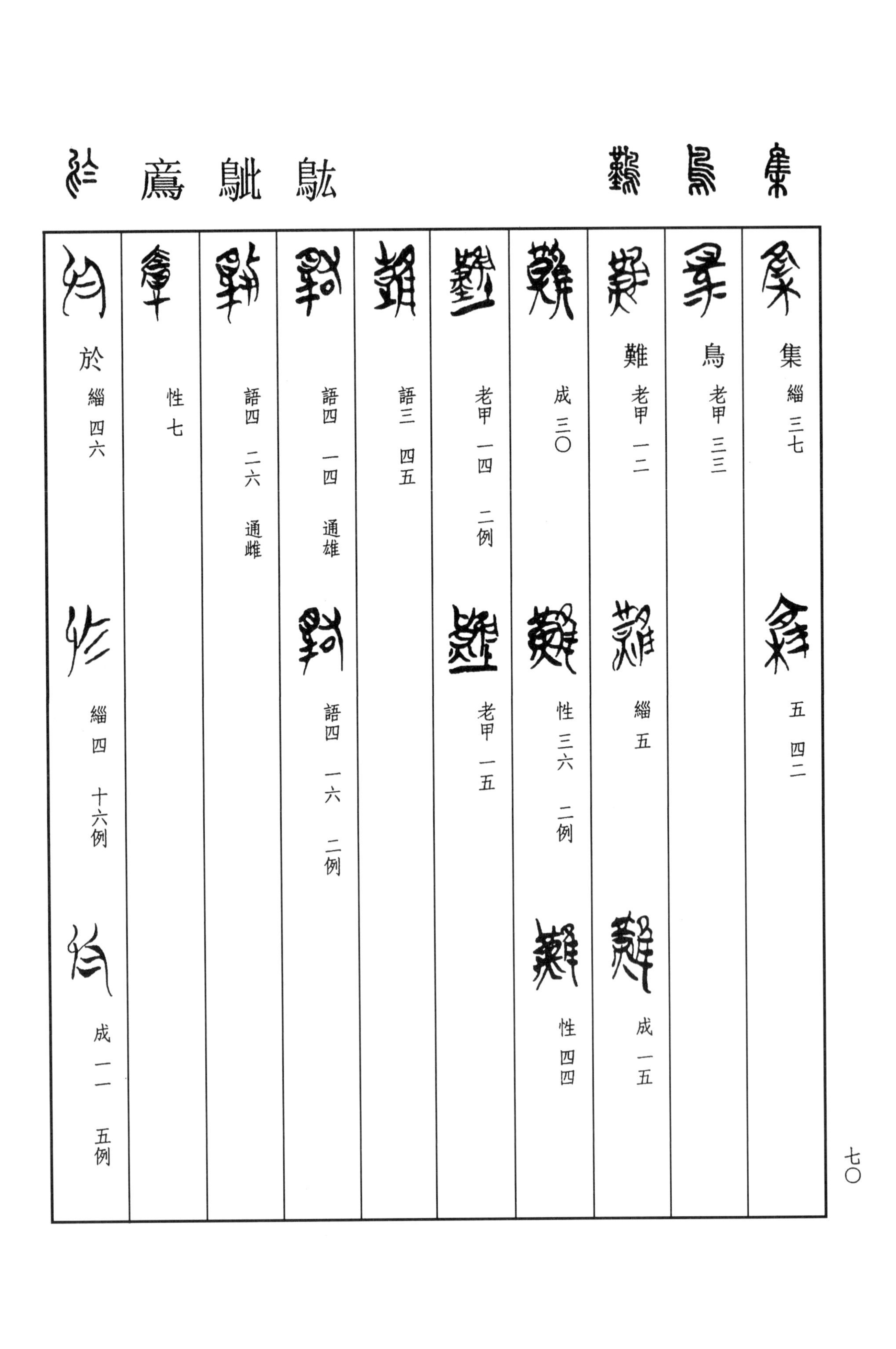

鳥厷　鳥此　广鳥

字	出處
集	緇三七
	五四二
鳥	老甲三三
難	老甲一二
	緇五
	成一五
	成三〇
	性三六 二例
	性四四
	老甲一四 二例
	老甲一五
	語三 四五
	語四 一四 通雄
	語四 一六 二例
	語四 二六 通雌
	性七
於	緇四六
	緇四 十六例
	成一一 五例

緇三三 三例

成四 四例

老丙八 二例

太六 七例

魯一 三例

魯三 五例

語四 二四

老甲二五 五例

老乙九 二例

太一四

成一 十四例

成七 六例

成三八

尊二一

唐八

唐一五 四例

語一 三三 五十四例

語二 五 二例

語二 五

語一 二二 二例

語一 二三 五例

語二 三三

語一 一〇五

語二 四 二例

語二 一

語二 四二

語一 二二

語三 五〇 三例

語三 五一

語三 三

棄

老甲一

老甲一

老甲一

窮六

再

窮一五

語二 四九

爯

魯一

魯三

魯五

成二二

幼

窮一五

唐一〇 三例

唐一三 二例

唐二八

唐二三

唐二六

丝

唐二三

成三九

幾	𠧪	叀	惠	玄	爰	受	𢖶	争	敢
老甲二五	老甲二一	忠五	緇四一	老甲八	尊二三	唐二〇 三例	忠八	緇一一	老甲九
老乙四			尊三二	老甲二八		唐二五			老甲一八
五四八						語三五			老丙一四

殜　㱩　死　骨

殜				㱩	死				骨
五四五 四例	六一七	窮二 二例	尊二五	尊三	死 緇三八	六一四	六五	忠三	骨 老甲三三
五四六 二例		語四三 二例			語四四	六一七	六四六		
六一六					窮九	六一九	性四四		

體
緇八 二例
緇九

性一七

胎
窮三

膚
五四三
唐一一

胃
老甲七 六例
五二 二十二例
老甲二八 八例

尊二二 四例
六一四 十一例
魯一 二例

魯二 二例
五一
忠四 二例

語一六五 六例

膳
語一一五
語一八四 二例
語一九二

語三三八 四例
語三二五

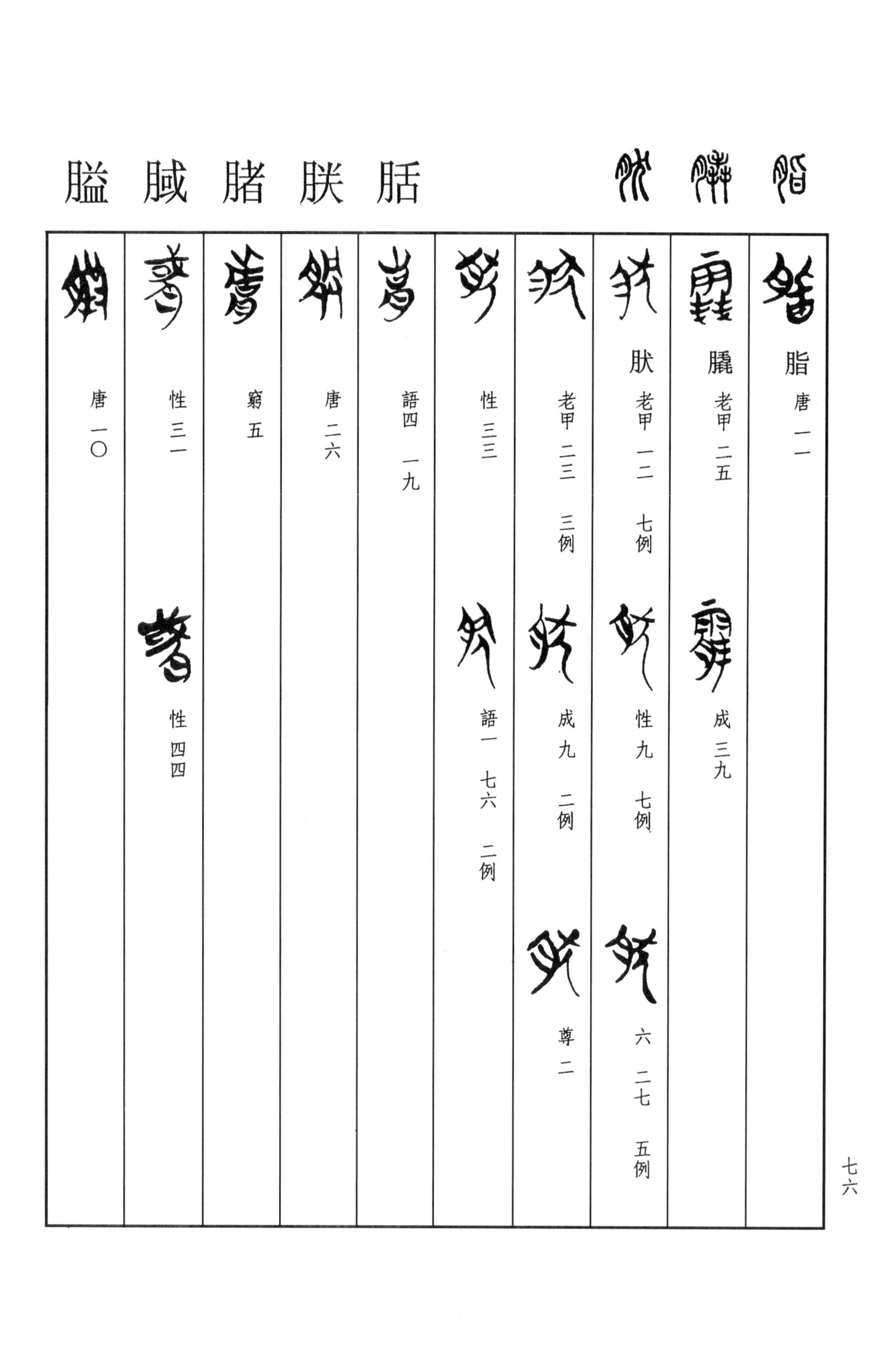

膉 ⿰月或 睹 朕 括

字	出處
脂	唐一一
膬	老甲二五；成三九
肰	老甲一二 七例；性九 七例；六 二七 五例
	老甲二三 三例；成九 二例；尊二
	性三三；語一 七六 二例
括	語四 一九
朕	唐二六
睹	窮五
⿰月或	性三一；性四四
膉	唐一〇

體

窮一〇

剴

縕一二

縕四二

利

老甲一 二例

唐三

縕一七

縕四四 三例

老甲二八

老甲三〇

唐二〇 六例

語四 一六 四例

性四六 二例

初

窮九

則

五 一三 二十六例

語三 四 八例

尊三四 六例

尊二六 十七例

老丙六 七例

五 一五

尊三三

語四 二三

語一 三四

縕一

老丙 一二

五 五 四例

刺

剛 語四 二三 三例

五 一〇

成一 十一例

成四 二例

緇三一 二例

老乙二 二例

唐二一

忠一 三例

唐二〇

緇二 二十三例

性二 二十二例

緇七 七例

六 二五

剛

性八

性八

割

語四 一八

語四 一六

罰

緇二七

緇二九

成五

成三八

性三〇 二例

性六〇

剔 ⿰畜刂 刃 耕 解

太一二

語四二

語四二

老甲二七

刃

成三五

耕

窮二

成一三

解

老甲二七

文八十一 重二百七十五

第五

節

節
成二六

箸

箸
性一五 二例

六二四

箬

成三四

[illegible]

窮二

[illegible]

緇四

箁

緇四六

緇四六

[illegible]

成三四

[illegible]

六四五

篧

老甲二三

箕
緇三五
緇四〇 七例

丌
老丙一 九十例
性二九 十五例
語一 八七 十一例

老乙二 十六例
老乙一三 四十例
緇四 九十三例

奠
性一 二例
性二七

性二四 通瑟
六 三〇 二例

左
老丙六 三例

差
老甲六
窮四

工
忠七
成一二
成二三 二例

巨
語四 一四

甘
老甲一九

甚	 老甲五 二例	 成七 七例	 老甲三六
	 唐二四 四例	 性四二	
曰	 緇二七 四十例	 五四五 三例	 唐二七
	 緇二〇 三例	 成三七 十一例	
乃	 老乙一六 三例	 老乙一七 三例	 緇二九
可	 老乙二 十五例	 成一二 十二例	 性四七 六例
	 成一九 八例	 老甲二八 五十八例	 性四六
	 緇三 十例	 老甲二一	
于	 緇三二 二例	 緇三七	 性一八
	 五六	 五三〇	

旨
緇一〇 二例
尊二六

嘗
魯五
唐一四

語一 六四

緇三三

喜
唐三 二例
唐一五
唐二三

壴
六 二四 十例
性三七 三例
性四九

老丙 一二

豆
老甲 二

梪
性八

豊
五 三一 八例
語二 一 十二例
語一 四二 二例

虗

語三 三六	語一 三三 三例	成三五 九例
尊二三	尊九	尊二九
性六六 二例	性一六 五例	六二
緇二四		
虖 唐二五 五例	語一 九一 三例	語一 六〇
語三 六八 二例	語三 五七	語三 五八
忠九		
魯三 通吾	魯八 三例	老乙 一八
語二 五〇 二例	成四 三例	老甲 三〇 二例
老乙七 三例		

⿸虍吕	⿸虍君	⿸虍昌	⿸虍秉		⿸虍羍	虑	虩	盛	去
唐八	唐二七	語一 七一 四例	語一 三〇 二例	語一 二八	語三 五〇	老甲 一	虩 五 二五 二例	盛 唐二	去 老甲 一八 三例
	忠七 二例	殘五 二例	語一 六三 三例				緇 一六		語一 一〇一
			語一 六七						語三 四

血
唐一一

語一 四五

六 一五

青
老甲 三二 十四例

唐一一

性三 二例

緇三 三例

語一 八八

語三 四四

静
老甲五

老甲五

尊一四 二例

語二 一一

語二 一二

即
老丙一 三例

老丙一

成一七

性二〇 四例

語一 九七

既
老丙五 二例

六九 四例

五一〇 二例

五一〇

語四五

老甲二〇

則 養 飤 合 僉 侖

緇四六
五一二
緇一九

六三〇

養
唐二二 七例
忠四
六三三

飤
語一一一〇
語三五六 二例

語四一一
成一三

合
老甲二六
老甲三四
成二九

老甲一九

僉
性二六
性六四
老甲五

侖
成三一 四例
尊二五
性一七

尊三五
尊三〇 二例

今

唐一七

舍

老乙一六 二例

老甲一〇

性一九 二例

會

語三 六三 二例

性一七 二例

語一 三八 二例

語一 四〇

倉

太四

太三 二例

内

緇三九 二例

五四 五例

成一五

語一 一二三 二例

性四 二十三例

匋

窮二

忠三

銙

語四 二六

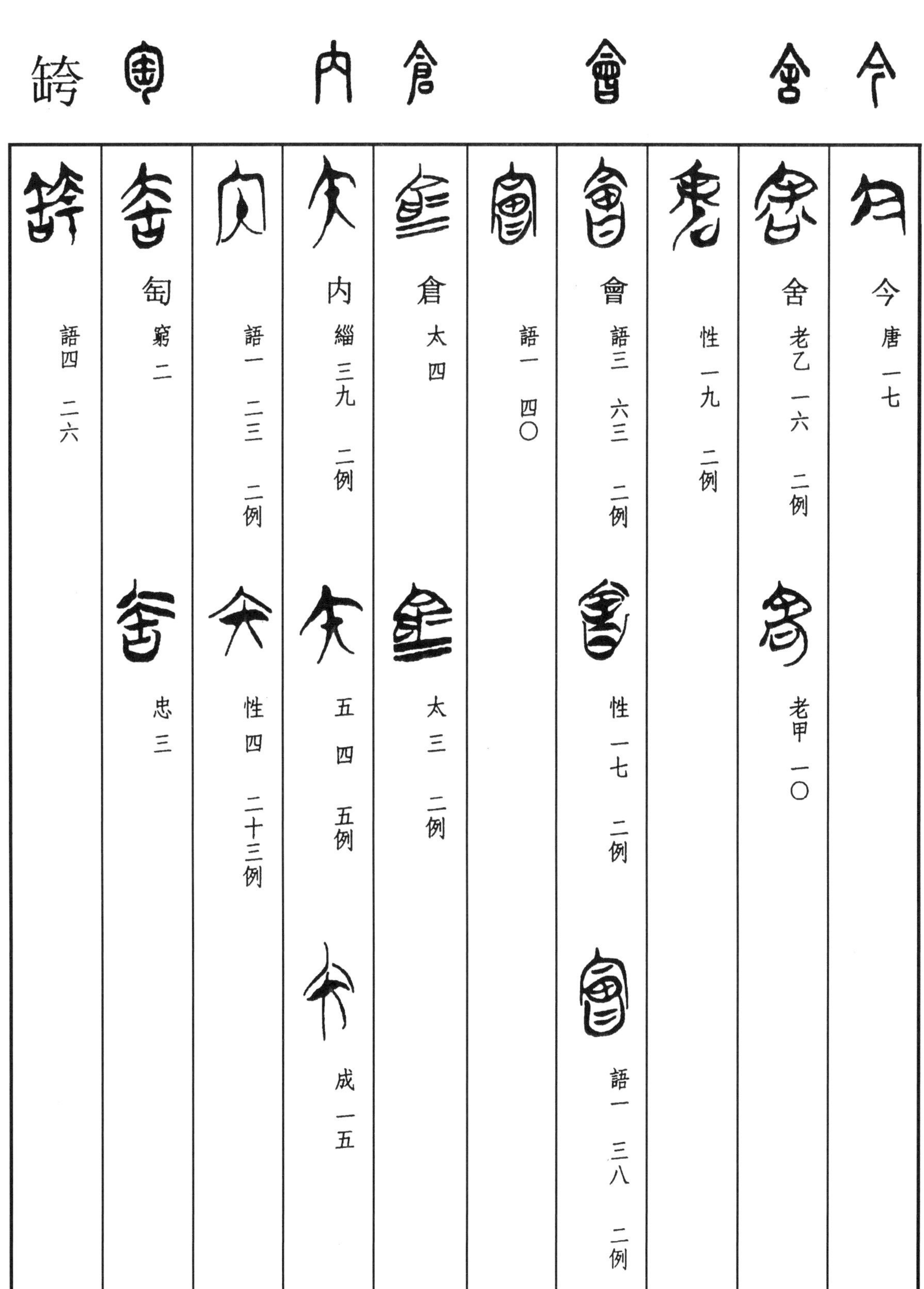

䠶	侯	矣			高	亳	篙		
窮八	老甲一三	老甲六 十四例	老乙一〇 三例	語二 五〇	老甲一六	語一 三三	老甲二四 五例	成二四 二例	五 一三 四例
	老甲一八 二例	老甲一一	緇四五	語三 六二	太 一三		五 三三 二例	性五五	六 二 三例
	窮六	尊二五 四例	唐一八				唐九		

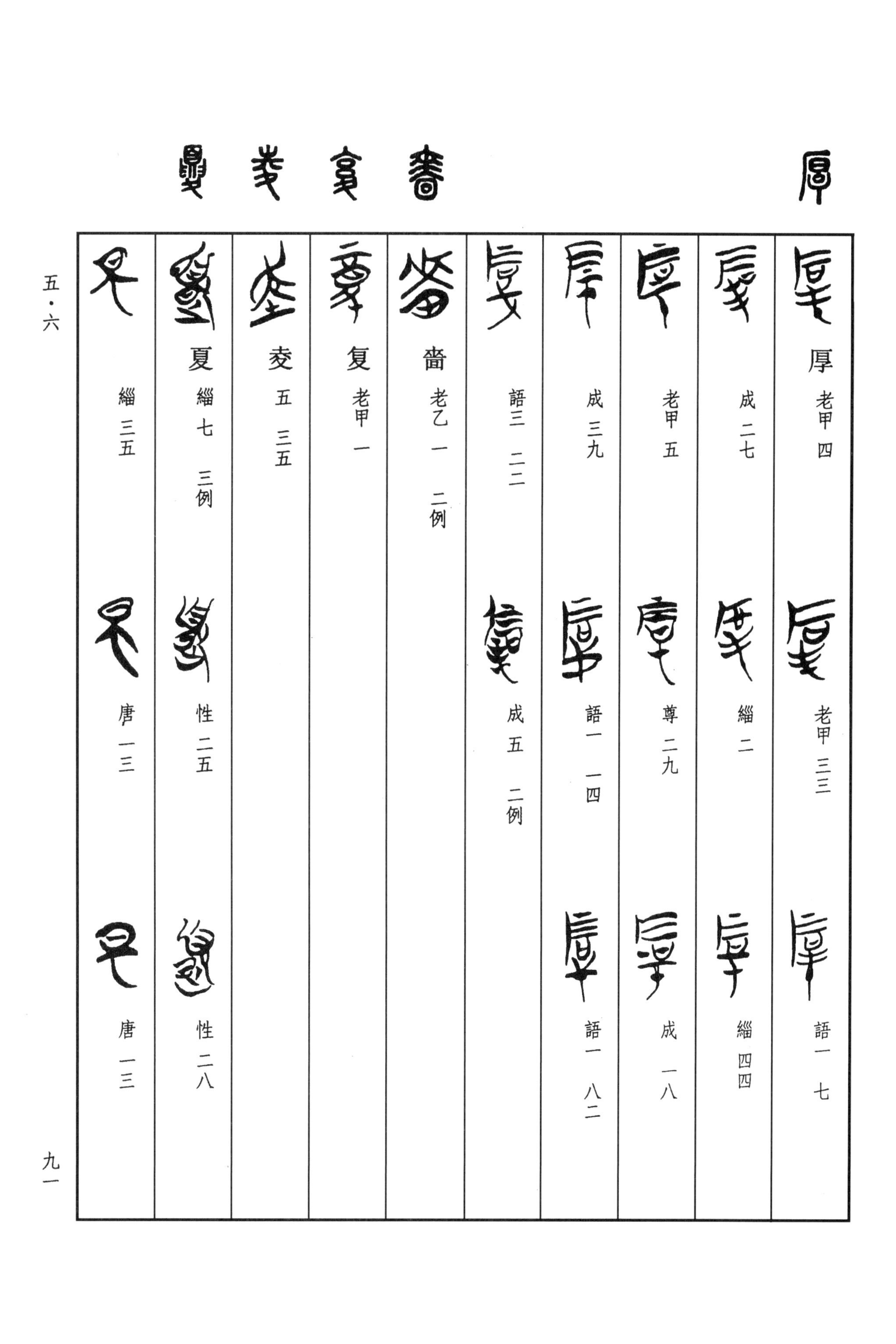

厚

字	出處
厚	老甲四
	老甲三三
	語一七
	成二七
	緇二
	緇四四
	老甲五
	尊二九
	成一八
	成三九
	語一 一四
	語一 八二
	語三 二二
	成五 二例
嗇	老乙一 二例
复	老甲一
夌	五 三五
夏	緇七 三例
	性二五
	性二八
	緇三五
	唐一三
	唐一三

舜 窮二

唐二三

唐二二 九例

韋 老甲三〇

弟 語三 六

六四〇 三例

六二九 二例

語一七〇 二例

語一五六

語一八〇

六一六

唐五 三例

桀 尊六 二例

尊二二 二例

乘 語二 二六

文七十八 重一百六十四

第六

木 成三〇 語四 一六

杕 窮六

枳 唐二六 語四 一七

棣 五四一

末 成一一 二例 性六〇 三例

果 老甲七 四例 尊一三 四例 五 三四

條 性三一

枉 成二一 性六一 語一 九三

槀 成三〇

樸 老甲九
老甲三二

柔 性八
性九
性六三

材 尊三二 三例
語四 二四 三例

植 緇三
五 三四
老乙 一四

宋 六 二六

楥 語二 一五 二例

樂 老丙四 十一例
語三 五四 四例
語三 六六 二例
成二 二十三例
六 二 三例
性二九 四例
性二八
性一五
六 二五
性六二
尊三一

字頭	字形 / 出處
采	采 性四五
松	性四八
板	窮四；窮七；緇七
桊	老甲二五；老甲三七
木甫	太二 二例；太三 二例；老丙一三 四例
柽	窮七
棤	尊二八
桻	窮六
東	東 五三八；五四〇 三例；太一三
無	無 老甲三一 四例；老丙五 五例

楚

窮八

才

唐二八

語四 一二

語三 一五 二例

緇三七 五例

老甲二〇 二例

老甲三 三例

老甲四 十例

成三三

六 二四 五例

唐二八 二例

語三 六〇

語三 一六 二例

之

忠一 一百六十六例

老甲二 一百二十例

老乙一六 五十二例

尊一 一百九十例

成二二 三十九例

唐一六

㞢

老乙一一 二例

帀

緇一六

緇三九

窮五

成二五

出 緇一七 七例
唐二七
語一 二一 二例

尊八 十二例
老甲二三 二例
性一一

索 老甲二
緇二九

孛 老乙一〇

南 太一三
唐二五

生 老甲二一 八十三例
尊一八 四例
語三 七〇 二例

語二 四四 七例
語一 二三 十六例
語一 八 十七例

語二 一 六例
太九 二例

乇 老乙 一六

朿 五 二二 三例
六 三二 二例
五 三五

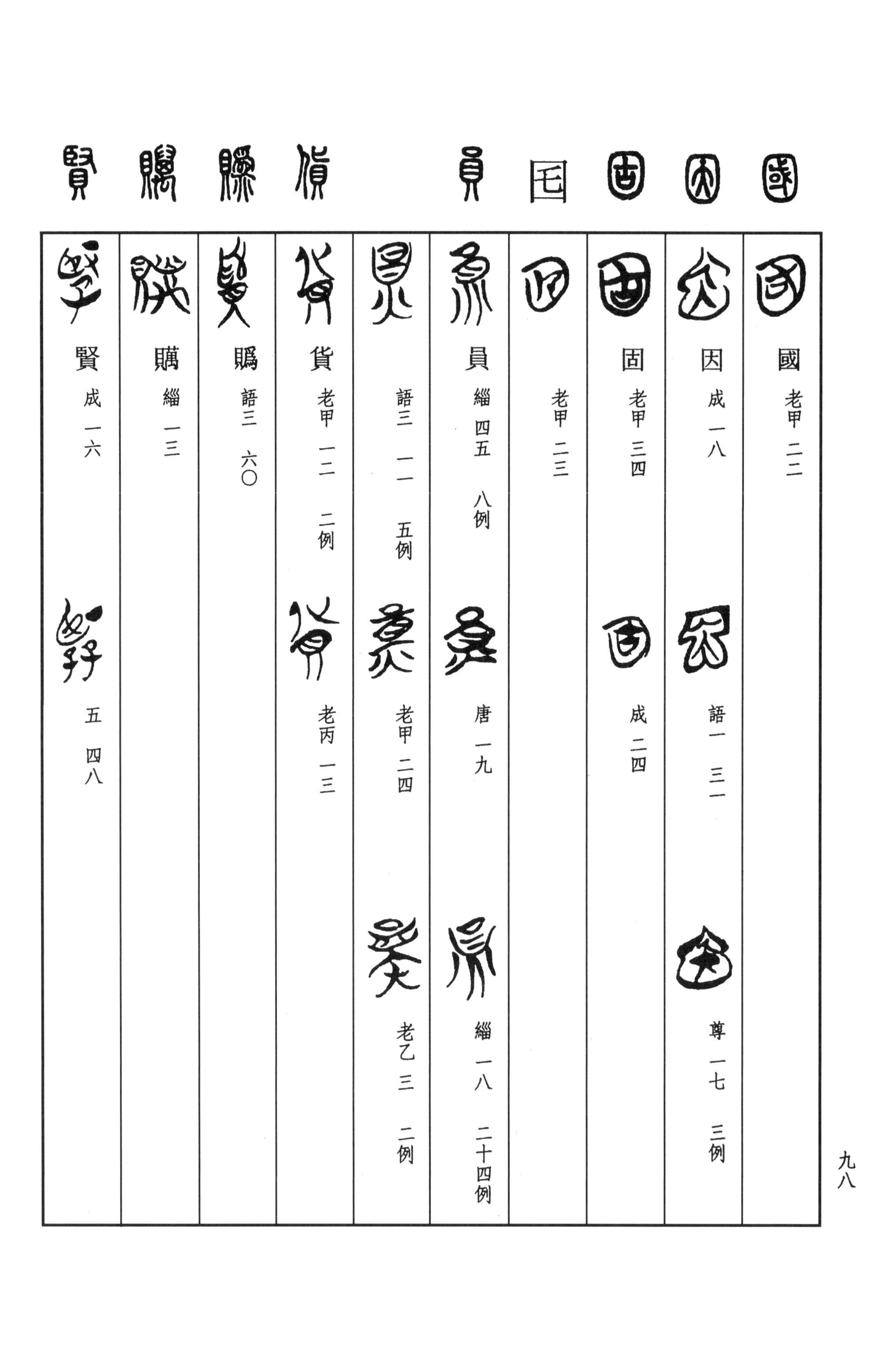

國	因	固		員		貨	賜	購	賢
國 老甲二二	因 成一八	固 老甲三四	老甲二三	員 緇四五 八例	語三 一一 五例	貨 老甲一二 二例	賜 語三 六〇	購 緇一三	賢 成一六
	語一 三一	成二四		唐一九	老甲二四	老丙一三			五 四八
	尊一七 三例			緇一八 二十四例	老乙三 二例				

賞 賓 責 賤 貪 貧 貴

賞 性五二
尊二
六一一

賓 性六六
老甲一九

責 太九

賤 成一七

貪 語三 一九

貧 緇四四
成一七
性五三

貴 老甲 一二 八例
成一一 十二例
語一 一八

語三 六七 二例
語四 二五
成一八

緇四四
老甲二九
老乙五 二例

緇二〇

⿳宀缶貝	⿱亡貝	⿱壬貝	⿱亙貝	貴	貭	⿰貝區	賹	⿱賏貝	⿳𥫗今貝
 賽 老甲 二七	 老甲 三六 二例	 六 一〇 三例	 緇 四五	 老甲 三六	 語四 二六	 緇 二〇	 老甲 三五	 老甲 三六	 老甲 二七
 老乙 一三 二例						 緇 四四			
 語四 一七									

字頭	出處
䞈	語四 一
朋	語一 八七
邦	邦 語四 六 三例；語四 一四；老甲 二九 六例
郅	緇 二〇 三例；尊 二四 二例
郘	窮 八
郘	緇 一三；窮 四
或阝	老乙 二；緇 二

文七十一　重九十八

第七

日 老甲三四 七例
尊二一 二例
語三 五二 二例

時 太二 三例
性一五 二例
五六 二例

窮一四 九例
尊三二

晉 緇一〇

晏 五 四〇
五 四三

昃 語四 一二

昏 唐二三 三例
老甲三〇
性二四 四例

魯三 三例
唐二二
老乙九 四例

昌 緇三〇
成九

昔						朝	游	族	參
緇三七 二例	殘一一	緇二二 通替	語三 一九 通早	老乙一 二例	性五四	窮五	性三三 四例	語三 一四	語三 六七
成六 二例	六 二五		語四 一二			成三四	語三 五一 四例	六 二八 三例	性一五 二例
			語四 一三						六 三〇 七例

字頭	例一	例二	例三
晨	五 一九	五 二〇	
期	老甲 三〇	忠八 三例	
	緇 二九		
有	成七 三例	成三七	
明	老甲 三四	老乙 一〇 十例	太二 十例
夜	老甲 八		
外	性二 六例	性五九 二例	語一 二〇
	語一 二三		
多	老甲 一四 十六例	語一 八九	成二七 七例
	成二八	六 一九	

甬
老丙六 二例
成一 八例
老甲二九 四例

性三二 二例

卣
緇四五

齊
緇二四 三例
緇二四
窮六

六二八 七例

朿
老甲九
老甲一四

克
老乙二
緇一九

录
魯七 三例
六一四

穆
魯一 二例
窮七

采
忠六
唐八
唐一二

字頭	出處
年	年 窮五；成三〇；唐一八
	緇一二
秌	秋 六 二五；語一 四〇；語三 二〇
秦	秦 窮七
[illegible]	五 三三
兼	兼 語三 三三；語三 六〇；語二 四
精	精 緇 三九；老甲 三四
糧	糧 成 一三
糃	成 二四
舀	舀 性 二四 二例；性 四四

⿱歆臼 ⿱隹臼 ⿱木臼      

成一一 七例

六 四二

老乙三

語四 一九

林
緇二六

六 二八

耑
老甲一六

語一 九八

語三 二三

韭
語四 一一

家
唐二六

老丙三 三例

語四 二六

緇二〇

語一 一三

五 二九

宅
老乙八 三例

成三四

室
老甲三八

語四 二四

向
老乙一七 三例
緇四三
六三

魯三 二例
尊二八

盜
緇二〇

定
老甲一四
老乙一五

安
語三 五六
語一 五九
五八 二例

老甲二五
緇八 十例
老甲一九

老甲二二 七例
緇一五
尊三一

尊二九 十例
魯四
尊八 五例

語一 六七 二例
語一 七一
成三九

性三八

完 唐二七
窮六

實 忠八 二例
六 二七 二例

容 語一 四七 五例
語一 一〇九 二例

守 唐一二
老甲 一三

宜 性一一 二例
性三八
六 二三 十七例
六 三九 六例
語三 三五

宎 語一 八八
語三 五五

寡 緇二二
魯四
尊一五

客 老甲九
語三 五五 三例
老丙四 二例
語一 八八

害		宋	宗	宔		宎	⿱宀可	⿱宀氏
害 成二二 四例	性六一	老甲四	宋 緇四五	宗 六三〇 二例	宔 老甲六	六一九	唐一一	窮六	唐九
成三〇 三例	語四 二一			六二八	唐二四	性五			唐二四
老甲二八	老丙四				性六七	性一四			

字頭	出處
⿱宀身	老乙一四；窮一〇；窮一五 二例
⿱宀浹	窮一四
⿱宀或	語四 一二
⿱宀青	緇九
⿱宀弄	性六二；語四 一
⿱宀瞀	語一 一〇三
留	成三〇
寞	緇四一
⿱宀前	唐九；唐二四
	五 四七

宮	呂	竆	空	⿰爿百	⿰爿帚	⿰爿享	⿰爿首	⿰爿屈	⿰爿章
宮 成七	呂 緇二六	竆 唐三	竆一〇	老甲二一	六三	語三 九	五 三六	尊一五	語四 二
成八	緇二九	成一一							
		成一四							

疾 成二三

成二三

成二三

成二三

成二一

性四二

語一 一一〇

瘧 緇二七

老甲三六

同 老甲二八

緇四〇 四例

性五八 四例

語一 一〇三 三例

冒 窮三

唐二六

窮三

兩 語四 二〇

幣 老乙一四

繒三三

繒四〇

性二三

布 六二七

帛 性二二

白 老乙一一

繒三五 二例

窮一四 二例

文一百 重一百三十七

第八

人
老甲三 六十六例
語一 三 三例
語一 一八 十例

成二〇 六十例
成二六 七例

僮
老甲三七

保
老甲三八
語四 二七
老甲二 二例

仁
忠八 二例
唐二 四例
唐一五 六例

老丙三 四例
五九 五例
五一 二例

五四九 四例
五一一 二例
五三〇

五二八 五例
性五七 六例
尊三 二例

緇一〇 二例
緇一三 四例
尊一六 二例

性 五五

語三 五一

語一 一六 六例

六 二三

語三 二八 四例

殘 一四

伀

五 三二

佖

語四 一〇

仿

窮 一四

備

緇 一六 二例

唐三 二例

成七 二例

老乙 一

成五

成三

語一 九四

語三 五四

位

老丙 一〇

緇 二五

依

尊 三二

字頭	出處
散	老甲一五；唐一七；六三八
	老乙四
作	老甲一七
倀	五八 二例；五一四；緇六 三例
	緇一一；性七
侮	老丙一；成一三 二例；尊一
伐	太九；語二 五一
咎	老甲五；唐一二；性四九
	老甲三八
	忠五

佀

伓

忠三

忠三 二例

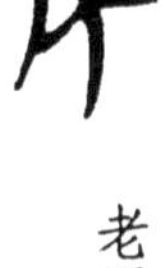

老甲一 二例

緇二五 二例

語二 一三

伩

五 三二

伂

老乙 一五

佢

唐一六 二例

㑁

老乙 一四

免

唐七

性二五

佷

尊二一

[illegible]

尊二四

儢

五 四九

化
- 老甲六

从
- 忠五

從
- 太一一 七例
- 語二二三 二例
- 成二 六例
- 成五 十五例
- 性二七

比
- 成一七
- 老甲三三
- 性一六

北
- 太一三
- 語二三七

虛
- 老甲二三
- 老甲二四

衆
- 老甲一二 四例
- 成二五 二例
- 尊一二 三例

聚
- 六四
- 性五三

—
- 成一〇
- 唐一九

監
窮四
語二 三二
語二 三三

臨
老甲 一一

身
成六 十六例
唐三
魯五 九例

成三 三例
老甲 三五
六 四四 二例

六 二〇

衣
窮三 三例
語三 四四 二例

祖
六 二八

衰
成八
六 二七
唐 二六

語四 二二

卒
緇七 二例
唐 一八 衣字重見

窮三

緇六 三例

尊二四

裘

成一 七例

同求

成一〇

尊三九 二例

六六 二例

緇一八

老

老甲三五

唐二三

考

唐六

孝

老丙三 八例

六四一 三例

語一五五 三例

語三六

語三八

居

老甲二四 四例

老丙六 四例

老丙一〇

性二六 二例

屈

老甲 二三

老乙 一五

舟

成 三五

俞

忠 三

方

老甲 二四 十八例

尊 二六 二例

尊 二八

性 一九

五 四一 四例

兒

語四 二七

允

成 二五

成 三六

緇五 二例

兑

老乙 一六

五 一三 三例

五 二一 七例

性 一一 六例

性 二一

忠四 二例

忠六

兄 皃 先 見 視 觀

兄 六 一三 二例
語一 七〇

皃 性 四三

先 老甲 一六 六例
緇 一一
成 三

成 二〇 六例
性 一九
成 三五 二例

見 老丙 五 九例
緇 一九 三例
五 九 四例

五 二五
五 二七
五 二四

五 二七
五 二九
五 三〇

五 二三
性二 二例

視 老甲二 五例 見字重見
老乙 三
緇 六 二例

觀 老乙 一八 三例
緇 三七

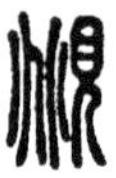

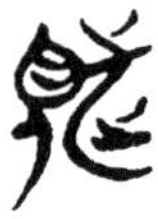

覞 老甲一

老甲三一

緇六 三例

五 二三

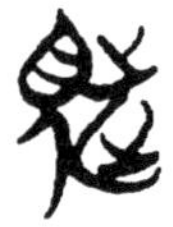

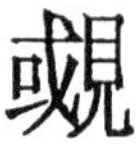

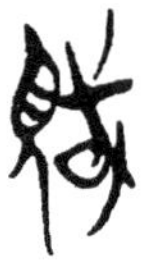

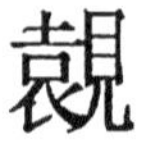

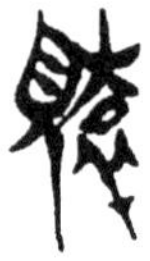

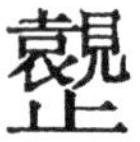

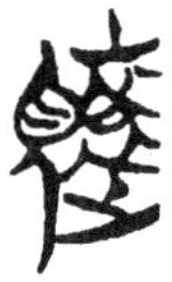

老甲九

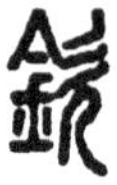

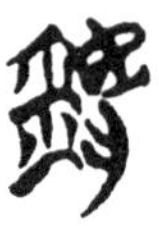

欽 尊二

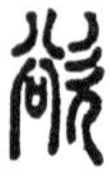

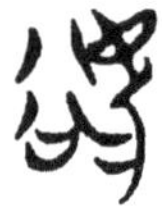

欲 老甲二

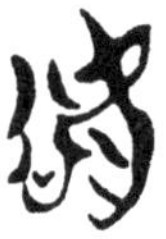

老甲五

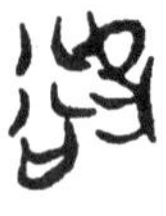

老丙一三 二例

文六十八 重一百二十五

第九

頌 老甲八 二例

性二〇 三例

緇一六

顧 緇三四

類 緇四 二例

尊四 五例

六三一 二例

成三八

六二六

語一 一五

語一 四七

語一 一一〇

面 唐二五

尊一五

首 語四 五

卸 卲

須	文	后	司		卲			色	
須 老甲二	文 緇二 六例	后 唐三 二例	司 窮八	性三 二例	卲 性二五	緇一一	五三六	色 五一三	性四四
老甲二四	成三九 二例		五一八	語四一	性二八			五一四	
			性二七 四例					成二四	

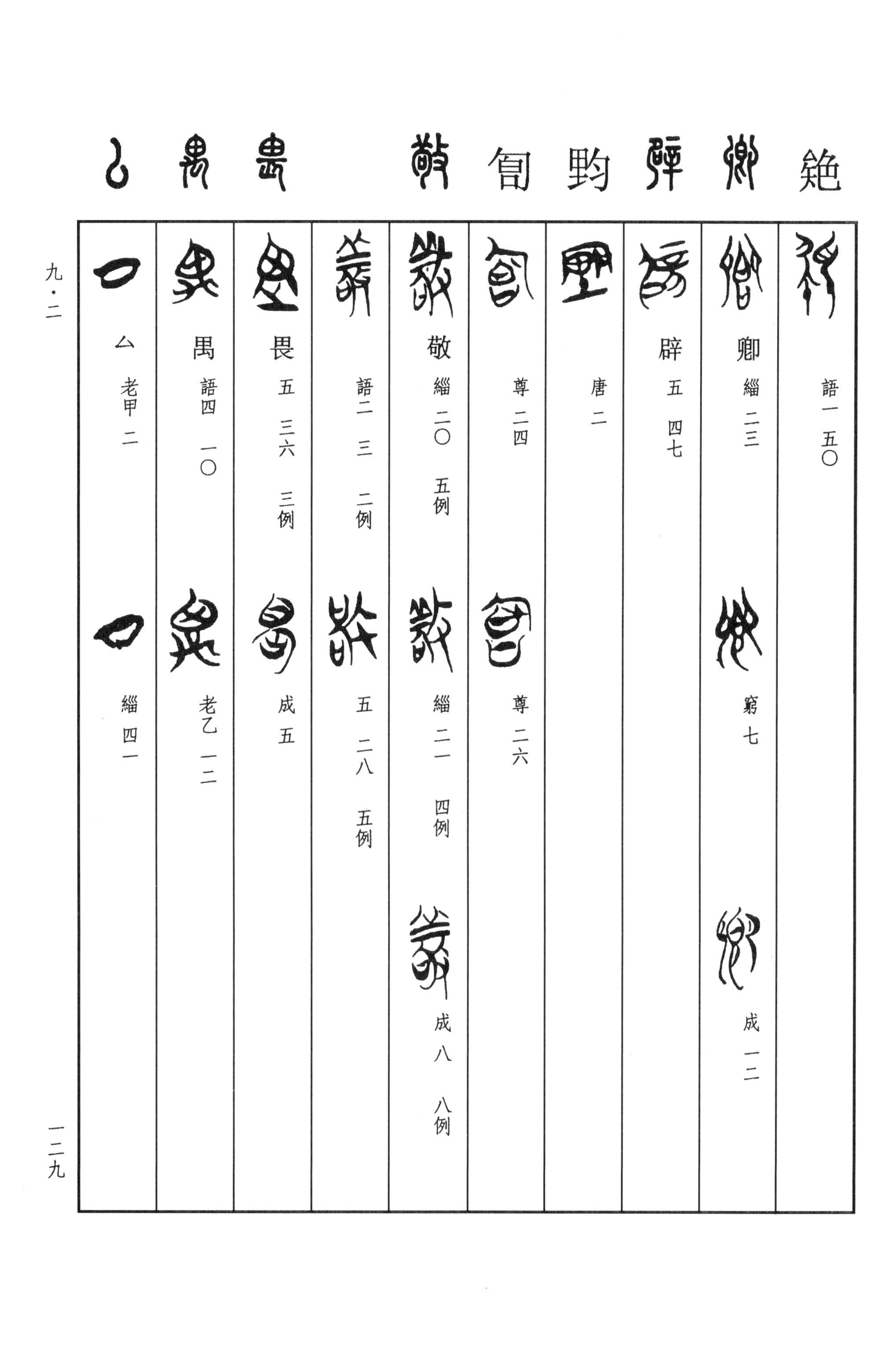

絶

語一 五〇

卿

卿 緇 二三

窮 七

成 一二

辟

辟 五 四七

⿰黑勺

唐 二

⿹勹𠂤

尊 二四

尊 二六

敬

敬 緇 二〇 五例

緇 二一 四例

成 八 八例

語二 三 二例

五 二八 五例

畏

畏 五 三六 三例

成 五

禺

禺 語四 一〇

老乙 一二

厶

厶 老甲 二

緇 四一

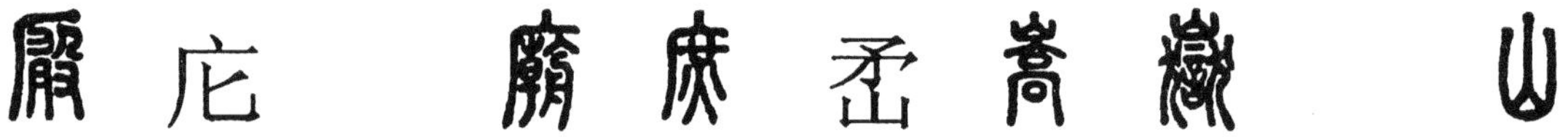

 山 窮二 三例  語四 二二  六 一二	 唐四	 嶽 六 一二	 嵩 語三 一五	 老乙 一三	 庶 緇四〇	 廟 性二〇  性六三	 唐五  語一 八八	 老甲 一〇	 厳 語二 二  語二 二

字頭	釋文	出處
仄	仄	唐一八
⿸厂向		老甲三六
⿸厂夶		語三 五〇
⿸厂東		忠一 二例
		忠二
⿸厂苗		語四 二七
⿸厂坐		緇 三六
危	危	六 一七
石	石	緇 三五
		窮 一三
		性 五
硻	硻	緇 四四
砧	砧	緇 三六

⿱林石

緇三六

長

老甲一六 二例

老甲三七 六例

語三 六

老乙三

唐二三

成二七

六二一 三例

勿

老甲一二 九例

成一六 三例

尊一九 二例

緇一四 二十五例

忠二 二例

性二

性四 九例

性六一

老甲一七

緇三七

昜

太五 四例

窮九

而

忠三 三例

唐一 二十九例

唐一 四十八例

豫 象 易 希 辤

老甲四 八例
六 二四 十四例
語三 五

語一 五七
五 二〇 九十六例
緇一 十九例

尊六 六十七例
成四 十二例
成二一 十二例

語二 一四

希
語二 二四 二例

易
語一 三六
語二 二三
語二 二四 四例

尊六
尊五
老甲 二五 四例

象
老乙 一二
老丙 四

豫
六 三三

文五十四 重六十九

第十

馬 窮八

尊七

駒 窮一〇

駜 緇四二 二例

窮一〇

窮一〇

麃 語四九

成九 二例

灋 老甲三二 五例

緇九 二例

六四〇 二例

六四四

狗 語四二

臭 狂 猶 猷 狛 猒 狃

臭	狂	猶							
臭 語一 四七	狂 語二 三	猶 老甲 八 七例	緇 四七	老丙 二	老甲 三三	六 二四 二例	六 四四	性 四七	緇 四六
語一 五一		五 四〇 四例	成 二七			六 三六			
		老甲 一五	語三 一 二例			六 四三			

能
老甲五 二十三例
老甲三 七例
五一〇 六例

五九 三例
五二〇
唐一九

成二三 三例
性三七 五例
六一九 四例

語一 五三 四例
語三 一九

語四 二五 四例
成一八
太七 三例

火
唐一〇

尞
六 三三

然
太三
太四 二例
老乙 一五

煬
六 三六

光
老甲 二七

臭 既大

臭	既大	既大	赤	大	亦	吳	喬	交	
語二 四四	老甲 三五	語一 四八	老甲 三三	老甲 六 五十九例	緇一〇 二十二例	唐九 四例	老甲七 二例	魯六 十三例	性一〇
	性二	語一 五二 三例		老乙 一二 十二例	太一〇 二例	唐二七 二例	五 三七	語三 三四	性一一
	太一〇	性四四		成 三八 十例	性二九		唐一七 三例	語一 四二	

睪 性六四

六 四四

語三 三八

語一 八七

語一 五一

執 老甲一〇 二例

緇一八

老丙一一 二例

老丙一一

緇四五

夫 老甲三〇 十九例

六 一九 十四例

性六六 二例

語一 一〇九 四例

成一三 二例

立 窮三 五例

語二 三四 二例

緇一二

緇三

成三 十例

成八

端

老甲一〇

並
唐一五

思
語三 四八 四例

魯八 二例

五九 五例

五一二 五例

魯一 五例

尊一八

性二六 五例

太一二

慮
性四八 二例

語二 一〇 二例

性六二

心
老甲 三五 三十例

性一四 十二例

緇八 三例

五五 七例

息
緇二三 二例

情
緇三

語二 一 四例

性二九

語一 三一

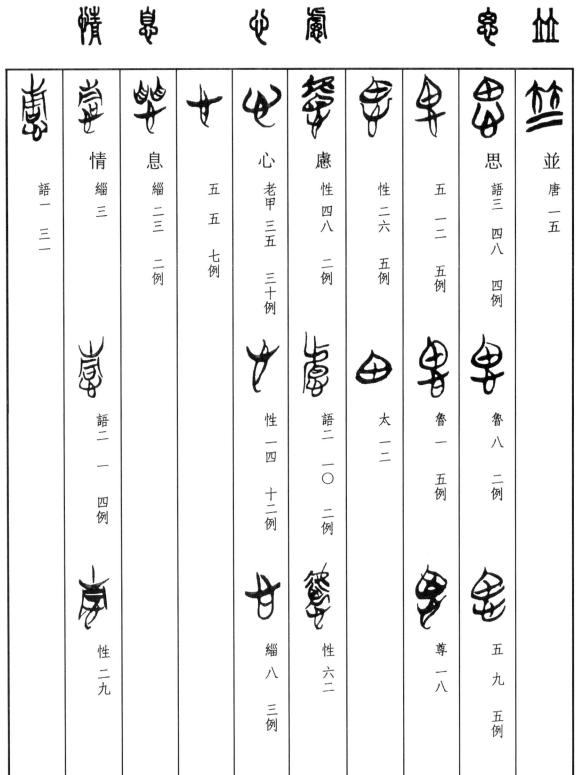

志
老甲八 四例
緇一一 三例
緇三八 三例

語三 五〇
性六 四例

悳
老甲三三
尊一三 二十二例
緇二四 三例

語四 一
五 二一
老乙一一 十五例

五 二〇 四例
五 一 五例
緇一六 五例

五 七 二例
語一 二四 二例
尊一 五例

語三 五〇 二例
語三 五四 二例

慎
語一 四六

忠
魯一
緇二〇
語二 四六

唐九 二例
語二 九 七例
忠一 八例

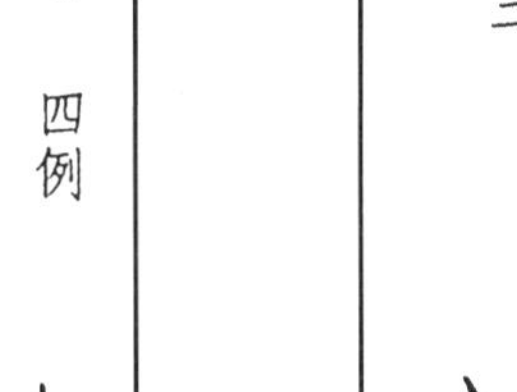

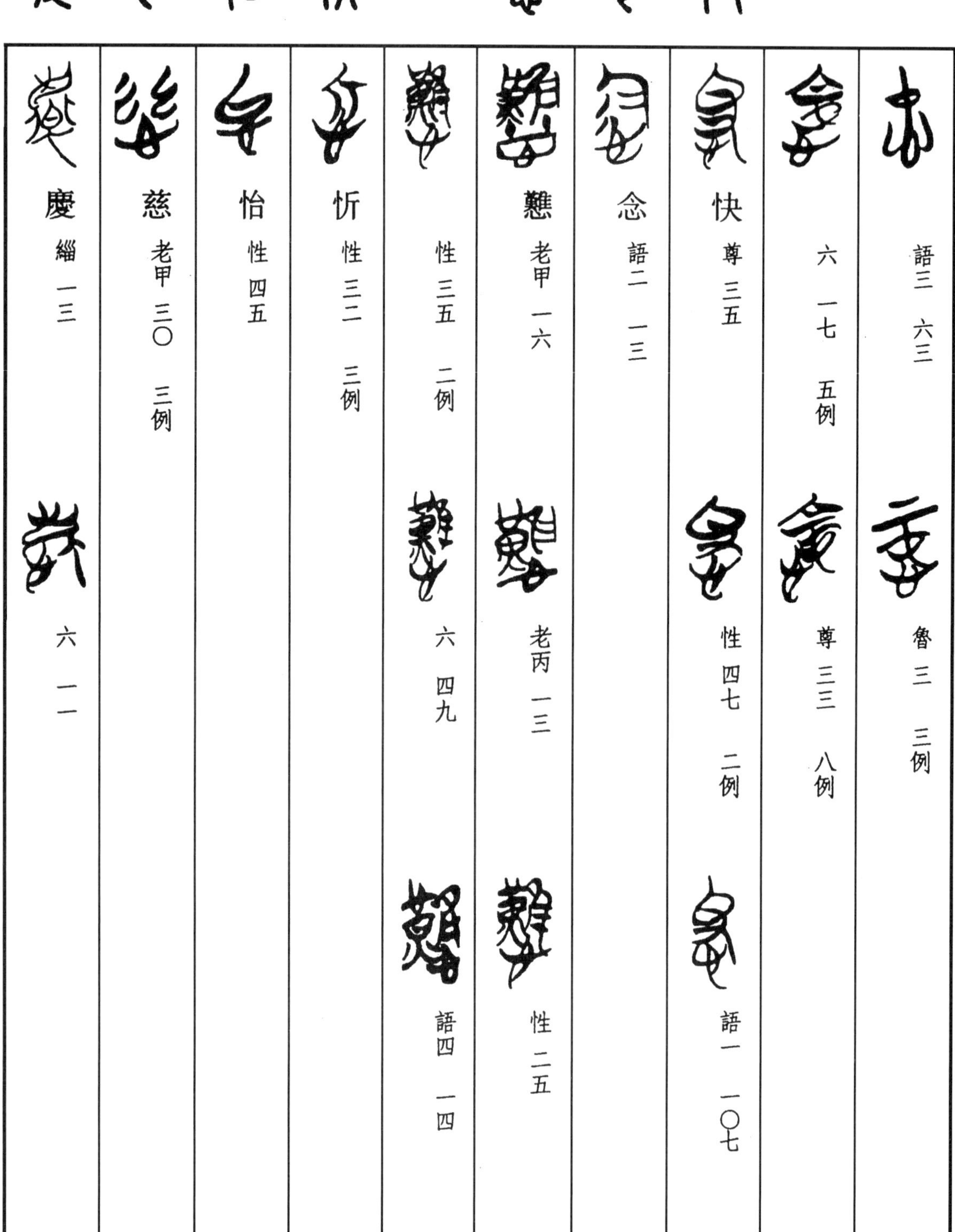

語三 六三
魯三 三例
六 一七 五例
尊三三 八例
快
尊三五
性四七 二例
語一 一〇七
念
語二 一三
懇
老甲 一六
老丙 一三
性二五
性三五 二例
六 四九
語四 一四
忻
性三二 三例
怡
性四五
慈
老甲 三〇 三例
慶
緇一三
六 一一

悉 緇二六

恃 語一 三八

惡 尊三三
尊二六 二例
緇二五

成二〇 二例
老甲三六 二例
六 一七 三例

五 三三 二例
五 二一
五 一三 二例

唐六
唐六
唐一〇 三例

唐七

語一 九二 三例
語二 八
語三 四〇 四例

懋 性四七

愳 成三九
語二 四二

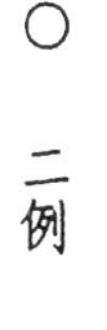

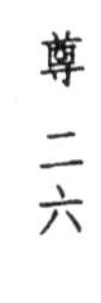

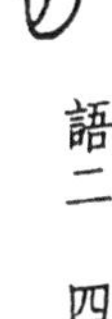

慆	懽		悭	愉	怠	忘	惑	惛	忌
慆 性三四	懽 緇二四 二例	尊一六	悭 尊三四	愉 老甲二三	怠 老甲三六	忘 尊一四	惑 緇四	惛 性·六四	忌 語一 二六
	尊三二			老乙一一	語一 六七 二例	語二 一六	魯四		太七
	性五二			窮一三			語四 一三		

忿 尊一

惡 語二 二五 二例

悲 老丙一〇

性二

性二九 四例

語二 二九 二例

惻 語二 二七

語二 四三

老甲 三一

老甲 一

惙 五 一〇

𢝊 老乙四

六四一

五九

老甲 三四

唐 一六 二例

性三四 四例

語二 七 二例

語二 三〇

五五 二例

字	出處
患	老乙五；老乙七；性四二；性六二
愓	老甲一六；老甲一四
恥	緇二八；語二三；語二四
恧	語二一七 二例
忍	語二五一
懌	老甲九；緇四一；成三六
	唐七
	老甲一一；老甲一七
	語一四六；語二二六 二例

忞

太一〇

太一二

尊二五

⿱不心

忠一

六四一

語二 二七 二例

語四 一三

⿱川心

緇一二 通順

⿰忄反

窮一五

⿰忄冬

五 一二

⿱⿰亻乂心

太一二

成三六 五例

性五〇

老丙四

⿰忄乇

太一一 二例

緇二一

恖

性三五 二例

語二 七

語二 三〇

⿱亠⿱凶心

語二 三〇

尊二四

悃

五 一三

五 三二

⿰忄衣

老丙 一〇

性四三

性六七

尊三一 四例

性二

⿰忄矣

緇四 二例

魯四

成三 四例

緇四三 二例

成四 二例

成一一 九例

語二 三六

語二 三七

語二 四九

⿰忄求

語一 九九

⿰忄咅

語二 一一 二例

⿱利心	⿱艹⿱幺心	⿱我心		⿰忄者	⿱日⿱幺心	⿱谷心		⿱⿱亼日心	⿱共心
語二四 二例	老甲三四	緇二	語三二四 二例	緇二三	語二四三	緇六 二例	語二一九	成二	緇八
	性二	語一七六 二例	語三三五 二例	成二		語二一〇 二例		語二一三	
	性六四	語三九		成三一		語二一三 三例			

愄			惊	悝	憙		⿰忄⿱罒女	⿰忄家	⿰忄⿱亠⿴衣目
性五二 二例	緇三〇	唐一二	語二 三一	語一 一二	語一 四五	性二四	性五九	尊三四	窮一〇
性六〇	緇四五	尊三三			語二 二八 二例	性三四 三例			
老甲九	老丙一				性二				

情

縕一〇 二例

尊一八

尊三四

縕二三

惓

語一四六

憲

尊二三

尊三八 二例

慎

尊一

憏

語一八四

語一八五

語一八五

語一八六

慬

縕六

縕三三

窮二

窮三

憲

成四

嶲	慁	憍		懽	憚	憿	懞	懫	懢
尊二一	尊三三	老甲一三	性四八　三例	性二二　二例	窮一五	唐一三	六　一六	緇三三	性四六
		語一　六八	性六〇　二例						
		老甲一							

⿱彊心

語二 三四

語二 三四

⿱需心

語一 三四 二例

⿱龍心

老乙五

老乙五

老乙六

老乙六

文一百二十九 重二百二十七

第十一

水 語四 一〇

太一 二例

唐一〇

尊七

河 窮三

江 老甲二

語四 一〇 二例

沱 五 一七

沫 尊三五

溺 老甲八

老甲三三

老甲三七

太九

涇 緇六

唐一二

深 老甲八
成四 三例
尊一九

性二三
性三一
五四六 二例

濁 老甲九 二例

渚 語四 一七

沽 語四 一〇

沕 成三五

湍 老甲三八

清 老甲一〇
尊一三
五一二 三例

老乙一五
五八

淵 性六二

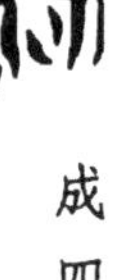

字	出處
澤	性二三；語四 七
㳍	語二 三六；語二 三六
淒	成二五 二例；六 一六
滔	窮九
涇	太四 二例；太三
湯	緇五 三例；尊六；尊一六
淡	老丙五
滄	緇一〇
浴	老甲二〇；老乙一一
澡	太四 三例

渫 涕 滅 海 泊 浗 浧 ⿰氵帚 渦 湶

渫 緇六

涕 五 一七

滅 唐二八

老甲二 二例

窮一〇

性九

性六三

唐一七

老甲一六 二例

老乙一四 五例

老甲三八

語二 一七 二例

老甲三

老甲二

成一四

溪	⿰氵殺	⿰氵⿰肀戈	⿰氵⿰丬隹	⿰氵⿸厂禹	渟	⿰氵⿱⿰亠欠曰	流	涉	川
語四 一七	性 三〇	性 三〇	尊 一	窮 四	成 四	老甲 二二	流 緇 三〇 二例	涉 老甲 八	川 老甲 八 二例
							成 一一 四例		唐 六 三例
							語四 七		尊 一二

至 尊一三 二例

唐一九

巟 唐八

侃 緇三二

羕 老甲三五 三例

尊三〇 四例

性一〇

谷 老甲五 二十三例

成一七 六例

冬 老甲八 二例

五一八

緇一〇

雨 緇九

五一七

⿱雨各 老甲一九

雩 五一七

語三 三一

雲 霒 鯀 鯖 龍 非

雲	霒	鯀	鯖	龍	非				
緇三五	太二 三例	語一 五	忠六	性二八 二例	老甲八 十六例	性二七	文六十一 重四十九		
	太八	語一 三			成一一 六例	六三 六例			
	語四 一六	語二 四四			語一 五五 八例	尊四 三例			

第十二

不 老甲 二 八十八例

老乙 一一 一百一十三例

尊 二七 六十一例

五 一〇

老丙 五 四十六例

忠 一 八十八例

老甲 八 二十四例

五 一〇

語一 六〇 五例

語二 四五

至 忠 三 十例

語一 六九 四例

語三 二六 四例

語三 六五

成 三八

性 二九 七例

老甲 二四 九例

性 二〇 五例

臺 老甲 二六

絰 緇 二六

西

太一三

户

語四 四

門

老甲 二七 四例

性五八 四例

闢

語三 四二

閟

老乙 一三

語四 四

閒

語三 二七

語三 二九

老甲 二三

忠九

老甲 二七

耳

五 四五

語四 二

唐 二六

性四四

語一 五〇 二例

聖 老甲三 二十三例
語一 九四 七例
成二六 二十例

語一 八六
五 二〇 十例
唐六

唐二五
唐三
唐四 六例

唐二七

聽 五 一五 四例

聞 語四 二四 五例
成一

唐二六

五 一五 通聞
五 二六 七例
五 五〇

五 五〇

手 五 四五

指	捧	捉	撫	攫	拔	扣		女	
性二八	性二一 同拜	老甲三三	性三四	老甲三三	老乙一五	老甲三三	緇七	老甲一一 二例	緇一八 八例
					性二三			老乙一〇 十例	魯一 四例
					性六三			唐二九 七例	性四七 十八例

妻 老甲一八
六 二九 三例
語一 三四

婦 六 二三 八例
六 四二
語四 一〇

成三二

母 老甲二一 三例
語二 五〇 二例
太七 二例

語一 八一

奴 老甲九 六例

好 老甲八 五例
尊三六 四例
語三 一一

老甲三二 二例
緇一 十六例

語二 二一 二例
語一 八九 二例

如 五 四五 二例
緇一九

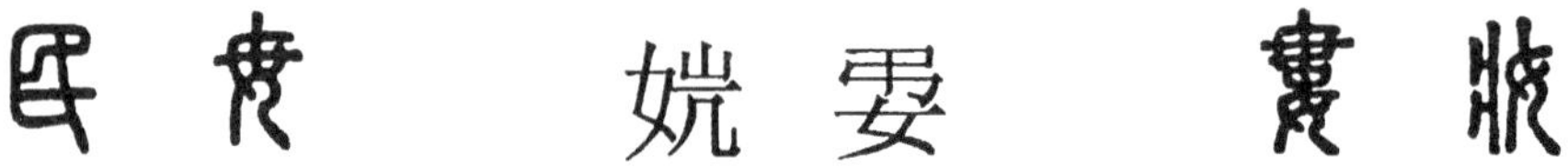

妝

緇二三

婁

成五

成二七

語一九〇

語二四四

五一六

老甲一五 二例

緇一 二例

性五一 二例

老丙七

毋

緇二三 二例

性六一 十五例

緇二二

民

緇一一 二例

老甲一 二十三例

老甲三 二十七例

語四二一 二例

尊一 五例

唐六 九例

忠二 二例

尊三四 五十五例

弗

成七 十七例

語一 六八

弗 老丙一四 二十一例

語四 二一 三例

五七 三例

窮二 二例

語一 七四

語三 五

語三 一

語四 一九

尊二九 二十五例

唐一 十例

忠一 八例

老甲四 七例

老甲一二

弋

弋 魯四 三例

緇一三 三例

也

也 語三 六六 二例

語三 二 二十八例

語一 七〇 四十四例

窮一三 十二例

老甲四 五十五例

成一七

成一八

成三五 二十二例

成六 二例

唐一 三十八例

忠一 十七例

尊三一 一百二十四例

成三〇 七十五例

成一〇 六例

成二〇 二十八例

老丙二 一百一十九例

老甲一九

五 二九 十四例

窮三

老乙三 十一例

氏 緇三

忠八

氒 緇三七

戈 唐一三 三例

唐九 二例

戎 成一三

戰 成六

窮四

老丙一〇

語三 二

[illegible]	[illegible]	[illegible]	[illegible]	戔	戠	武			或
語四 二四 三例	語四 八	成一〇	語三 三二 三例	老甲二九 四例	尊一八 三例	窮四	語一 一九 六例	老甲二	語一 四三
成九				成三四	六 二四 二例	性二八 二例	語一 二三 二例	老乙七 五例	尊三〇 二例
							尊三一	語三 四三 三例	性八 十三例

戓	⿹戈⿱业口	⿹戈朿	⿰昜戈	⿹戈⿱山业	⿱亠⿹戈豆	⿹戈⿱业吕	⿹戈⿱⺕吕	⿹戈害	銅
老甲二九	性三四	緇一九	唐一一	性三八	性三三	成一九　二例	尊二六	緇三七	語三　三一　三例
老甲三一		緇四三				尊一七			

戚
尊七
語一 三四

我
老甲 三二 二十一例
成 二九
五 一〇

老丙 二
語四 六

義
老丙 三 二十七例
緇 三〇
尊四

成 三一
語一 五三 四例
唐八 二例

忠八

直
唐 一七 四例

亡
老甲 一 四十五例
老乙 三 十一例
語一 六二 二十八例

尊 三三 二例
性一 二例
六 四〇

語三 二〇 四例

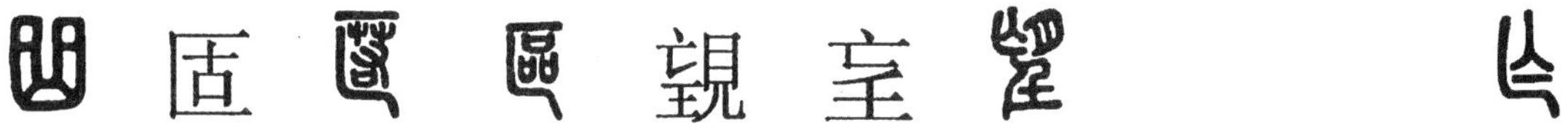

乍 緇二 二例

緇二七

忠六 二例

語二 四二 二例

老甲 一三

成三八

成七

性二五 三例

性一

望 語一 一〇四

語二 三三

窮四

語一 一

緇三

區 語三 二六

匿 五 三八 五例

五 四〇

窮三

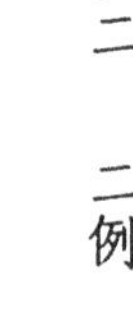

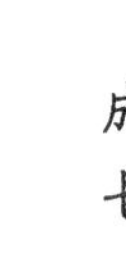

曲 六 四三

張

窮一〇

弸

六 二八

六 三〇 二例

緇四五

彊

語三 四六 二例

語三 四八

發

忠二

孫

魯四 三例

唐一二

性六四

繇

六 三六 八例

成一四

成一二

窮三 二例

語三 六六

語一一

語一 一〇

尊九 二例

文八十六 重一百六十七

第十三

經 太七

續 殘二〇

紀 老甲一一

紿 老乙一

紡 語三七

絕 老乙四 四例

六 二九 四例

老甲一 三例

綎 成三五 二例 同縕

級 語四五 二例

約 性九

結　縛　終　練　縵　緯　纓　紳

結
緇二五

忠二　二例

縛
窮六

終
老甲一五

語四三

老乙一三　九例

老甲三四　六例

語一四九

練
五三九

縵
性四五

緯
六四三

纓
老乙六

老乙六

老乙六

老乙五

紳
緇三七

紉 紛 緍 經 ⿰糹弋 約 紙 綖 絅

紉 六 三一 二例

紛 老甲 二七

緍 老丙 三

緇 二九

六 三八

經 成 八

緇 三

殘 二

語三 四八

緇 四四

六 二七 二例

性 五八 二例

六 三一 二例

老甲 二六

語一 四九

[糸聿] 緮 [糸梟] [糸敝] 繆 [糸龏]  

[糸聿]

緇三〇

緮

緇一八

[糸梟]

語一 一〇

[糸敝]

語三 五五

繆

老甲 二一

[糸龏]

老丙 七

絲
緇 二九

强
老甲七 二例

成一三 二例

成二三

六 三二

殘五

語四 二五

老甲 六

蜀	⿱艸⿱屯䖵	蚉	蚤	⿱壬虫	蟡	⿰虫⿱田里	⿱工䖵	⿱大䖵	蟲
蜀 老甲二一	萅 老甲三三	唐七	尊二八	語四一八	唐二一	忠五	語四一八	語一四九	老甲三三
五一六		語一一〇三			唐二一				
性七 五例		語三四〇			忠二				

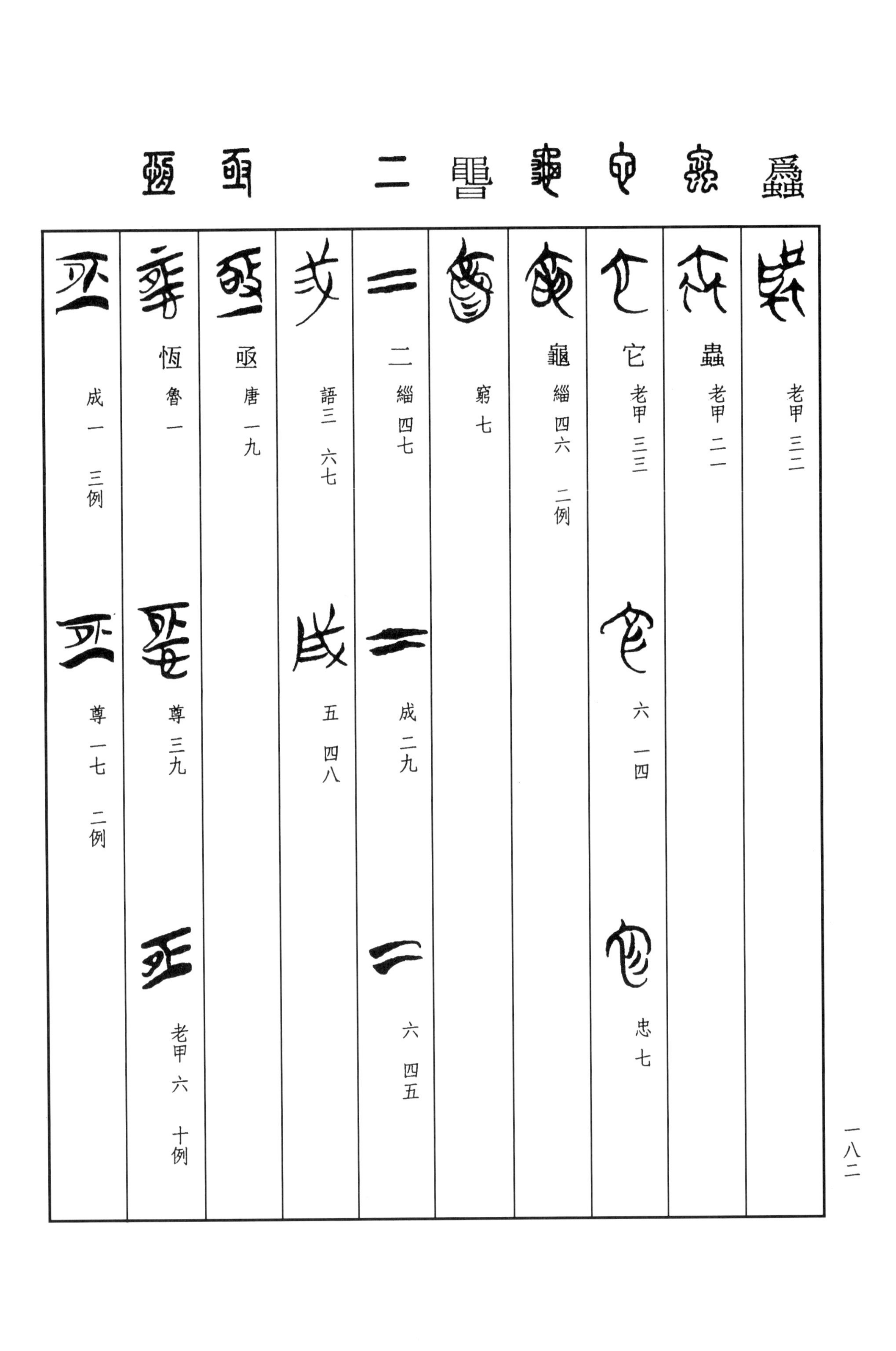

蠱	蟲	它	龜	黽	二		亟	恆	
老甲三二	蟲 老甲二一	它 老甲三三	龜 緇四六 二例	窮七	二 緇四七	語三 六七	亟 唐一九	恆 魯一	成一 三例
		六一四			成二九	五四八		尊三九	尊一七 二例
		忠七			六四五			老甲六 十例	

竺
- 老甲九
- 老甲一〇

凡
- 性一二 二十五例
- 成二二 五例
- 語二 三八 四例
- 語四 五

土
- 忠二
- 唐一〇
- 太一〇
- 緇一三

地
- 老甲一八 六例
- 窮五 六例
- 太一二 六例
- 唐一五
- 五 四九 二例
- 尊七
- 忠五 二例
- 語四 二二

堣
- 窮六 九例
- 唐一四 二例

坪
- 老丙四
- 尊一二
- 尊三四

均
老甲一九
成七

基
語四 一四

堂
性一九

型
老甲一六
五一 十六例
五二 四例
性五二 三例
成三九
語一 六 五例
尊二 四例
緇一 十例
老乙一二 二例

墠
成二八

毀
語一 一〇八
窮一四

壞
唐二八

堋
語四 一四

圭

圭 緇三五

块

太七

坉

老甲九

坨

語四 二三 二例

⿰土寺

語一 九五

⿰土缶

窮一三

⿰土匋

尊三四

⿰土禹

緇一二

唐一〇

尊六 三例

成三三

墇

六 二一

字頭	字形	釋文	出處
[illegible]			太七 三例
			太七
壓			緇四一
堯		堯	六七
			窮三
			唐一 二例
			唐一四 六例
堇		堇	老甲二四
			老乙九
里		里	成三一 七例
			語一 三二 二例
釐		釐	窮一五 三例
			尊三三
野		野	尊一四
堂			尊一七
[illegible]			五 三二

畔 老甲二五；老甲三〇

畜 六一五；六二〇

男 六三三；六三九

力 緇一九；尊一五；性四三；六一六；語四二四

勞 老甲二三；老甲三五；太九 二例；五四一 二例；尊二二；五四一 二例

加 窮九；語三五

勇 尊三三 說文古文勇從心；性六三

性六二

腈　𤯓　勑

成三五

唐一一

老乙一五　二例

老丙一〇

尊一

成七　二例

成九

成三六

尊三六

文九十五　重九十五

第十四

金 老甲三八

五 一九 二例

五 二〇

語四 二四

性五

鉛 語四 一五

鈔 語四 二三

性二四 通琴

語一 一〇一

勺 語四 二四

与 唐一五

語一 八六 十四例

語一 一〇九 二例

語一 一一〇 二例

尻

老甲二三

緇九

処

成八

性六一

語三 一〇

成三四

性五四

語三 一二 二例

語三 三六

且

唐五

所

老甲二 九例

老乙七 二例

五 二八 三例

老甲二〇

語一 二九 十九例

尊八 六例

尊二 二十一例

六 三八

成一九 四例

斯

性二五 四例

語三 一七

性三四 九例

性四八 七例

斷 六 四四 三例

語二 三五

新 緇 一七 七例

老丙 一 三例

成 三一 十例

六 二五 三例

尊 二〇

緇 二五

唐 五 二例

升 唐 一六

唐 一七

矛 五 四一 二例

老甲 三三

老甲 七

車 緇 四〇 二例

軫 五 四三

載
尊二九

軍
老丙九 二例

成九

語三 二

輪
語四 二〇

斬
六 三一 二例

尊一

性六七

性三〇

忠八

語二 二六

官
六 一四 二例

降
性三

五 一二

墮
老甲 一六

陦　陸　𨼆　陵　四　亞

陦	陸	𨼆	陵	四		亞			
唐二七	唐二六	緇三一　二例	尊一四	老甲二二　四例	性九　三例	性四　五例	老乙四	語四　一一	語三　一　三例
				窮一〇　四例	六三	性五四　二例	魯二　六例	老甲一五	
				緇一二	唐二六	性四八　四例	魯五　三例	緇六　五例	

五 唐一二 二例
五 二八 三例
緇二七 三例

尊二六

六 五四五 十三例
成四〇
六三〇

七 性四〇

九 老甲二六

萬 老甲一四 三例
老甲二四 三例
緇二

性一一 二例

尊二六

嘼 成二二

獸 老甲二四 四例
緇三八
六四三

甲
老甲二六

亂
老甲二六

尊二三

尊六

尊二三

尊二五 二例

唐二八

成三二

丁
窮四

戊
老甲三四

六二八

成
緇三五

老甲一六 三例

緇一三 十四例

太八 十五例

老乙一三

成一 三例

太一二

忠七

己
語四四

語三五

巺　吕　康　皋　睪　孚

巺	緇一一
	尊五
	窮一四
	窮一五　二例
	成一　九例
	語一　七二
	成二〇
	成三八
	緇二八
	成三八
皋	老甲五
	五　三九　五例
	唐一二
	語一　八〇　八例
	忠八　四例
	唐七　四例
	唐六　二例
	語三　三〇
子	老甲一　十五例
	緇三　二十一例
	窮三
	緇一〇　三十八例
	成四　三十四例
	唐五　五例
	五一〇
	語一　六九

字 六 二八

穀 五 二八
五 三一

季 老甲 一

孥 老甲 一二 七例
尊 二〇

老丙 三
緇 二五

卯 語一 三 二例
語三 四五 二例
語二 二一 二例

辱 老甲 三六
老乙 五 三例
老乙 一一

巳 成 四〇 三例 同已
老甲 三八 二例
老丙 七 三例

語四 二七背
緇 二〇 二例
尊 二五 二例

語二 三八
語三 四

以
老甲二 八十三例 
老甲一三 九十三例 
尊三四 三十四例

語三 四四 四例

未
語二 四六 二例 
語三 二八 五例 
老甲一四 四例

語一 四八 四例 
成二 十五例 
成二三 二例

尊一二 四例

申
忠六

性七

⿰爿酉
老甲一三 二例 
老甲二〇 
老甲一四 三例

老甲一〇 二例 
老丙九 二例 
語四 一六

老甲一九
語四 七

酓

老甲 三三

酭

窮九

語四 一〇

尊

唐四 二例

唐八 二例

尊二〇 二例

尊四

語一 八二

語一 七九 二例

唐六

五 三七 二例

五 三五 四例

亥

老甲 二一

文七十二 重一百三十七

合文

字頭	字形	出處
七十		窮五
		唐二六
小人		尊三二
		成三二
		語四 一二
		尊二五
大夫		緇二三
子孫		老乙一六
五十		唐二六
先之		尊一六
之志		性四五
		六 三三
土地		六四

之所	志心	兄弟	君子		青清	涬澤	並立	身窮	艸茅
老乙五　十例	語一　五二	五　三三	忠五　五例	性二〇　四例	老乙一五	性二二	太一二	唐二	唐一六
太八			成三　二例	性六七					唐一六
			成一六　五例						

聖人

尊六

教學

語一 六一

顏色

五 三二

蠆蟲

老甲 三三

合文二十一 重十一

存疑字

1 
緇一七　出言有|

2 
六　一六　句淒夫人之善|懔其□□之力弗敢單也。

3 
語二　三九　凡|，又不行者也。

語二　四七　智命者亡|

4 
成三　敬斳以|之。

5 
語四　一五　聿之而悏，必|鋊鋊其罨。

6 
尊一三　則民|悳清湎。

7 
成二二　唯|不罶再害？

8 
尊一四　教以|，則民少以哭。

9 
尊三四　|則民悭，正則民不哭，䢅則民不惰。

10

唐二 身窮不黔，—而弗利，

11

語二 五三 又行—不遂，

12

緇一二 又—悳行，

13

尊一九 古—是勿也而又深安者，

14

緇二四 則民又—心。

成二三 —之述也，

15

唐一一 —虖脂膚血勢之青，

16

六一六 句淒夫人之善□懁其□—之力弗敢單也，

17

六一〇 六戠既分，以—六悳。

18

性六五 退谷—而毋巠，

19

六四 新父子，和大臣，帰四叕之—唬，

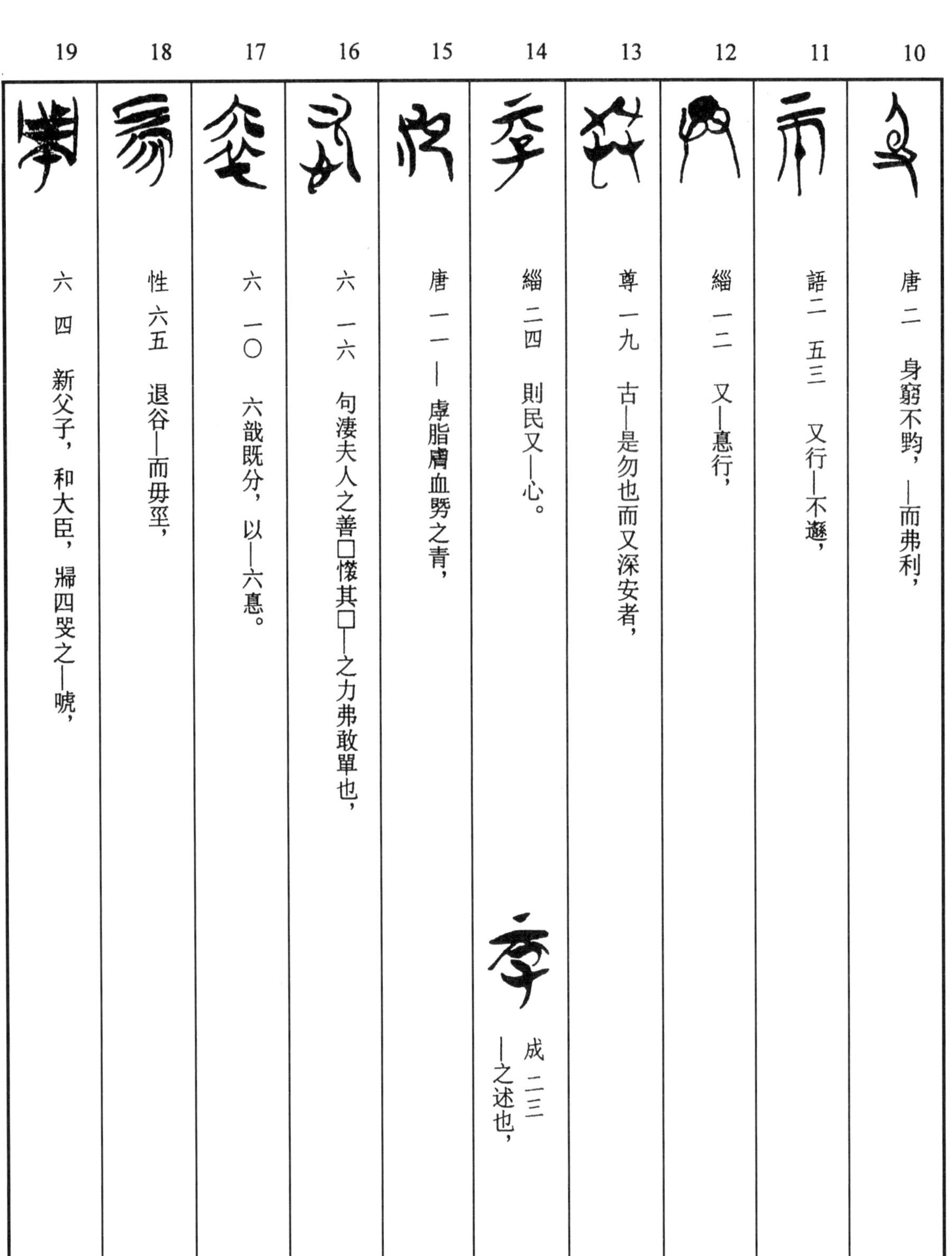

20

唐一五 神明—從，

21

六二八 —弟也，

六二九 爲—弟絕妻，

六二九 不爲妻絕—弟，

22

尊一六 則民湯—遠豊亡新仁。

23

忠一 不譌不—，忠之至也。

24

語四 一一 飤韭亞智終其—。

25

五三七 不柬，不行，不匿，不—於道。

五三九 不—於道也。

26

成三四 君子簸箬之上毄而—口，

27

成三四 君子簸箬之上毄而口—，

28

語二 一九 返生於爸，—生於返，

29

性一九 或—之也，堂事因方而折之。

30

唐一二 臯涇—□□

31

性三五 懸斯—，

32

成二五 〈—命〉曰：「允帀淒悳。」

33

語一 三五 樂每豊悳則—。

34

性三八 青安遊才—，宜之方也。

35

窮一 —天人之分，

語一 六八 —天道以⿰忄爲民⿱既火。

五八 思不清不—，

五一三 清則——則安，

36

語三 一二 処而亡—習也，

37

殘五 強—膺，

38

緇一六 —頌又祟，

39

五一七 —涕女雨。

40

唐七 僮之—，

唐一七 身為天子而不喬，不—也。

41

五四六 —莫敢不□。

五四六 □莫敢不—。

42

六二三 以弃—，

43

六一六 句淒夫人之善□慘其—□之力弗敢單也。

44

殘九 售又—，

45

語三 五八 又—得者樂。

殘一一 —耆。

46

尊二四 為邦而不以豊，猷厌之亡—也。

47

語三 一一 牙—者処，

48

語一 一〇七 各以—訁毁也。

49 

成三五 —沕埥舟，

50 

性六四 慈谷涅而毋—，

51 

成二三 强之工也，—之弇也。

52 

性二二 所以□□□其—廋也。

53 

老丙七 —縪爲上。

文五十三 重十一

殘字

字	字形	出處
⿺辶上		尊一八
逯		唐六
鮮		成九
⿱⿰言金心		性三三
䜌		六二〇
瀆		性三一
⿰⿱𠂊胃⿱𠂊胃		性五九
		文七

檢字表

一畫

一 一·一

二畫

丁 一四·四
七 一四·三
乃 五·二
九 一四·三
二 一三·三
人 八·一
力 一三·六
十 三·一
卜 三·一二
厶 九·二
又 三·六

三畫

丈 三·一
三 一·二
上 一·一
下 一·一
乇 六·三
也 一二·四
于 五·二
亡 一二·六
凡 一三·四
刃 四·九
勺 一四·一
千 三·一
口 二·一
土 一三·四
士 一·二
大 一〇·二
女 一二·二
子 一四·四
山 九·二
川 一一·三
工 五·一
己 一四·四
已 一四·五
巳 一四·五
弋 一二·四
才 六·二
丌 五·一
与 一四·一
及 三·七
之 六·二
廿 三·一

四畫

不 一二·一
以 一四·五
中 一·三
五 一四·三
仁 八·一
化 八·三
仄 九·三
今 五·五
从 八·三
允 八·四
公 二·一
六 一四·三
内 五·五
分 二·一
勿 九·三
卅 三·一
升 一四·二
友 三·八
反 三·七
天 一·一
夫 一〇·三
夬 三·七
少 二·一
尹 三·七
屯 一·三
帀 六·二
心 一〇·三
忄 一〇·六
戈 一二·四
户 一二·一
手 一二·二
文 九·一
方 八·四
日 七·一
曰 五·二
木 六·一
止 二·五
毋 一二·三
比 八·三
氏 一二·四
水 一一·一
火 一〇·二
父 三·七
牙 二·一三
牛 二·一
王 一·二

五畫

且 一四·一
世 三·一
乍 一二·六
兄 八·五
冬 一一·三
尻 一四·一
処 一四·一
出 六·三
加 一三·六
北 八·三
卡 一·一
卯 一四·五
去 五·三
古 三·一

句 三·一　可 五·二　台 二·三　右 三·七　㕣 二·三　司 九·一　四 一四·三　外 七·二　奴 一二·三　它 一三·三　尔 二·一　左 五·一　巨 五·一　布 七·七　幼 四·五　幻 四·五　弗 一三·四　必 二·一　戊 一四·四　未 一四·五

末 六·一　正 二·六　母 一二·三　民 一二·三　玄 四·六　玉 一·二　甘 五·一　生 六·三　用 三·一三　由 七·二　甲 一四·四　申 一四·五　疋 二·一三　白 七·七　皮 三·一〇　目 四·一　矛 一四·二　石 九·三　立 一〇·三　辷 二·九

北 六·二　佀 八·二　庀 九·二　忉 一〇·六

六畫

争 四·六　交 一〇·二　亥 一四·六　亦 一〇·二　仿 八·一　伐 八·二　伀 八·一　伓 八·二　伇 八·二　伂 八·二　休 一一·二　先 八·五　光 一〇·二　共 三·五　再 四·五

危 九·三　吁 二·三　各 二·三　合 五·四　吉 二·三　同 七·六　名 二·二　后 九·一　向 七·四　吕 七·六　因 六·三　囸 六·三　圭 一三·五　地 一三·四　多 七·二　好 一二·三　如 一二·三　字 一四·五　宅 七·三　守 七·四

安 七·四　寺 三·一〇　巟 一一·三　年 七·三　廷 二·一二　戎 一二·四　成 一四·四　扣 一二·二　攷 三·一一　放 三·一一　旨 五·二　曲 一二·六　有 七·二　此 二·五　死 四·六　毕 一二·四　江 一一·一　汈 一一·一　牝 二·一　百 四·三

羊 四·四　老 八·四　考 八·四　而 九·三　耳 一二·一　臣 三·九　自 四·一　至 一二·一　舟 八·四　色 九·一　芒 一·三　血 五·四　行 二·一二　衣 八·三　西 一二·一　邦 六·五　迉 二·九　这 二·九　𨑓 二·九　攴 三·八

丝 四·五
夰 五·一
束 七·二
𤝞 一〇·一
𢦏 一二·五
𣃼 一三·六
呂 一四·四

七畫

見 八·五
車 一四·二
壯 一·三
妝 一二·三
位 八·一
佖 八·一
佢 八·二
㑁 八·二
余 二·一
作 八·二
克 七·二
免 八·二
兑 八·四
兵 三·五
初 四·八
利 四·八
卣 七·二
即 五·四
君 二·二
含 二·二
吴 一〇·二
呈 二·三
告 二·一
均 一三·四
坉 一三·五
坱 一三·五
坙 一一·三
孚 三·六
孛 六·三
孝 八·四
宋 七·五
完 七·四
弟 五·六
忌 一〇·五
忍 一〇·六
志 一〇·四
忘 一〇·五
忞 一〇·六
态 一〇·七
怌 一〇·七
忈 一〇·七
㤆 一〇·七
快 一〇·四
忻 一〇·四
我 一二·六
折 一·四
攸 三·一一
改 三·一〇
攻 三·一一
更 三·一一
材 六·一
宋 六·一
杙 六·一
每 一·三
狂 一〇·一
甬 七·二
男 一三·六
矣 五·五
祀 一·二
社 一·二
芳 一·三
芙 一·四
言 三·一
谷 一一·三
豆 五·二
赤 一〇·二
足 二·一三
身 八·三
近 二·八
返 二·七
迖 二·九
迬 二·九
迯 二·九
里 一三·五
劧 一·三
雪 二·四
坐 二·五
坒 六·二
㞷 二·五
弆 三·五
刺 四·八
宑 七·四
宎 七·五
卲 九·一
帍 九·三
要 一二·三
戋 一二·五
室 一二·六
匠 一二·六
季 一四·五

八畫

兒 八·四
門 一二·一
侖 五·四
長 九·三
東 六·二
戔 一二·五
亞 一四·三
兩 七·六
並 一〇·三
事 三·九
亟 一三·三
侃 一一·三
依 八·一
具 三·五
匋 五·五
卑 三·九
卒 八·三
叀 四·六
取 三·八
周 二·三
味 二·二

命 二·二
和 二·三
咎 八·二
固 六·三
坨 一三·五
坪 一三·四
夌 五·六
夜 七·二
奉 三·五
妻 一二·三
季 一四·五
宔 七·五
宗 七·五
官 一四·二
定 七·四
宜 七·四
宥 七·五
尚 二·一
居 八·四
屈 八·四
帛 七·七
建 二·一二
彔 七·二
往 二·一一
徂 二·一二
衍 二·一二
忠 一〇·四
念 一〇·四
忿 一〇·六
恶 一〇·五
您 一〇·七
怡 一〇·四
㤹 一〇·七
怃 一〇·七
或 一二·五
所 一四·一
担 一二·二
拔 一二·二
於 四·四
昃 七·一

昌 七·一
明 七·二
昏 七·一
易 九·四
昔 七·一
朋 六·五
板 六·二
杆 六·一
杈 六·二
枈 六·二
果 六·一
武 一二·五
沫 一一·一
沱 一一·一
河 一一·一
沽 一一·一
泊 一一·二
海 一一·二
牧 三·一一
狗 一〇·一

⿰犭乍 一〇·一
直 一二·六
秉 三·七
竺 一三·四
者 四·二
肰 四·七
叚 三·九
舍 五·五
若 一·三
苲 一·四
连 二·九
迪 二·七
迬 二·九
述 二·六
迲 二·九
迮 二·七
迱 二·九
退 二·九
走 二·五
采 六·二

金 一四·一
降 一四·二
陟 一四·三
陆 一四·三
邸 六·五
郘 六·五
隶 三·九
隹 四·三
雨 一一·三
青 五·四
非 一一·四
弃 三·五
叟 三·八
即 五·四
林 七·三
空 七·六
卲 九·一
孟 九·二
厌 九·三
康 九·三

希 九·四
蚤 一三·三

九畫

韋 五·六
軍 一四·二
則 四·八
約 一三·一
級 一三·一
紀 一三·一
紉 一三·二
紘 一三·二
貞 三·一三
侮 八·二
侯 五·五
佷 八·二
保 八·一
信 三·二
俞 八·四
冒 七·六
前 二·五

勇 一三·六　南 六·三　厚 五·六　受 四·六　咠 二·三　咸 二·三　哀 二·三　型 一三·四　壴 五·二　复 五·六　客 七·四　室 七·三　宫 七·六　窊 七·五　眚 五·二　差 五·一　帝 一·一　後 二·一一　思 一〇·三　怠 一〇·五

恃 一〇·五　恆 一三·三　悃 一〇·七　㤦 一〇·七　指 一二·二　政 三·一〇　故 三·一〇　敏 三·一一　敆 三·一二　既 五·四　易 九·三　春 一·四　是 二·六　枳 六·一　柔 六·一　相 四·一　柬 六·三　爯 四·五　爰 四·六　甚 五·二

畏 九·二　登 二·五　皆 四·一　皇 一·二　祇 一·二　神 一·二　禺 九·二　秋 七·三　耑 七·三　胃 四·七　胎 四·七　訇 三·三　迷 二·八　迻 二·七　退 二·一一　逃 二·八　返 二·一〇　[illegible] 二·一〇　逌 二·一〇　迥 二·八

逗 二·九　逘 二·九　重 八·三　面 九·一　革 三·六　韭 七·三　音 三·四　須 九·一　首 九·一　骨 四·六　柴 一·二　茖 一·三　茲 一·三　[illegible] 一·四　時 二·四　討 三·三　弇 三·五　[illegible] 三·九　[illegible] 三·一〇　[illegible] 三·一〇

𡥈 四·六　斈 一四·五　采 七·二　疠 七·六　兑 八·五　娧 一二·三　持 一三·五　垎 一三·五　坸 一三·五　戟 一四·五　羿 四·三

十畫

馬 一〇·一　倉 五·五　訓 三·二　奮 三·三　[illegible] 三·三　倀 八·二　剛 四·八　孫 一二·七

殺 三·一〇　員 六·三　時 七·一　條 六·一　紛 一三·二　紡 一三·一　約 一三·二　涇 一一·一　流 一一·三　浗 一一·二　浧 一一·二　浴 一一·二　涉 一一·三　涕 一一·二　乘 五·六　亳 五·五　兼 七·三　恥 一〇·六　匿 一二·六　卿 九·二

哭 二·四
夏 五·六
害 七·五
家 七·三
容 七·四
穿 七·五
宰 七·五
恧 一〇·六
息 一〇·三
恩 一〇·七
悤 一〇·七
捉 一二·二
晉 七·一
晏 七·一
桀 五·六
栙 六·二
畔 一三·六
畜 一三·六
疾 七·六
眚 四·一
砧 九·三
秦 七·三
索 六·三
耕 四·九
能 一〇·二
䏦 四·七
朕 四·七
脂 四·七
臭 一〇·一
舀 七·三
莫 一·五
慈 一〇·八
莆 一·四
衰 八·三
祖 八·三
辱 一四·五
通 二·七
速 二·七
逧 二·一〇
遆 二·一〇
逗 二·一〇
逸 二·一〇
迎 二·一〇
飤 五·四
高 五·五
鬲 三·六
罢 二·四
垩 二·五
尃 三·一〇
牂 四·四
虚 五·三
貢 六·四
鄉 六·五
散 八·二
炊 八·二
匐 九·二
届 九·三
悭 一〇·五
悮 一〇·七
悚 一〇·七
閔 一二·一
聆 一二·二
晵 一二·六
蛮 一三·三
婧 一三·六

十一畫

習 四·三
從 八·三
後 二·一一
徯 二·一二
㣘 二·一二
得 二·一一
區 一二·六
鳥 四·四
婦 一二·三
執 一〇·三
訛 三·三
訪 三·二
訡 三·三
設 三·三
害 三·二
張 一二·七
弸 一二·七
過 二·六
進 二·七
逨 二·一〇
逮 二·七
遺 二·七
連 二·一〇
遙 二·一〇
遣 二·一〇
逷 二·一〇
參 七·一
國 六·三
紳 一三·一
終 一三·一
紿 一三·一
紙 一三·二
綻 一三·二
絅 一三·二
視 八·五
責 六·四
敗 三·一一
貨 六·三
貪 六·四
貧 六·四
貰 六·四
貴 六·四
婁 一二·三
唬 二·三
唯 二·二
啓 三·一〇
喻 二·四
㗀 二·四
啐 二·四
埶 三·六
基 一三·四
堂 一三·四
堇 一三·五
堋 一三·四

十二畫

十三畫

禐 一・二
葹 一・三
集 一・四
潒 一・四
談 三・二
訨 三・四
誟 三・四
諻 三・四
諑 三・四
戳 三・八
敨 三・一二
雒 四・三
駄 四・四
殩 四・六
篟 五・一
管 五・五
諙 五・二
寳 七・五
覷 八・五
頫 九・一
頠 九・一
駜 一〇・一
臭 一〇・二
嬰 一〇・三
憲 一〇・九
噍 一〇・九
愍 一〇・九
僞 一〇・九
濈 一一・三
濉 一一・三
盞 一三・三
當 一三・五
隧 一四・三

十六畫

龍 一一・四
興 三・五
樸 六・一
避 二・七
還 二・七
奮 四・三
學 三・一二
澤 一一・二
瀉 一一・三
澶 一一・三
濁 一一・一
澡 一一・二
戰 一二・四
謀 三・二
諏 三・四
縛 一三・一
器 三・一
彊 一二・七
穆 七・二
臝 四・七
膳 四・七
翻 七・二
蘍 一・四
蕙 一・五
礐 二・四
毀 二・四
敢 三・一二
瞘 六・四
纍 七・一
豐 七・一
頌 九・一
懵 一〇・九
慞 一〇・九
懌 一〇・六
懻 一〇・九
墇 一三・五
霧 一一・四
箬 五・一

十七畫

邃 二・一〇
舊 四・四
藏 一・四
慈 一・五
藿 四・三
臨 八・三
斂 三・一一
數 三・一二
縵 一三・一
賽 六・四
聰 一二・二
嶽 九・二
懋 一〇・五
龜 一三・三
墾 二・五
懇 一〇・五
數 三・八
鼬 四・四
鬳 四・四
體 四・八
簌 五・一
亶 五・五
槽 六・二
賸 六・四
錫 七・三
覷 八・五
懞 一〇・九
賈 一一・三
鑫 一三・三
譽 一三・三
轢 一四・二

十八畫

蟲 一三・三
藥 一・三
斷 一四・二
糧 七・三
繇 一一・四
瞻 四・一
瞿 四・四
績 一三・一
線 一三・二
彝 四・四
虢 五・三
鼇 一三・五
徸 二・一二
鉊 三・四
樺 六・二

後記

一九九八年初春《郭店楚墓竹簡》問世前夕，李學勤先生赴河北石家莊講學。其間，我有機會與李先生晤面，談話時自然涉及到郭店楚簡，李先生述及這批竹簡文字的重要性並鼓勵我編寫文字編。可以説我是很幸運的，在郭店簡資料公佈之前，即有了編撰文字編的思想準備。

本編整理工作開始於一九九八年的夏季，由于河北省文物研究所的支持，有張小滄、郝建文兩位同志與我協同一道工作。張郝二君尚在而立之年，平時頗多關注書法藝術，並涉足金文和小篆，已有多年的自學基礎，在本編的整理過程中，他們抱以很高的熱情，工作十分投入，有三人合力操作，使我們能够快速準確地完成竹簡文字的各項數據統計工作。

衆所週知，撰寫文字編的難點之一，在於對竹簡釋文的準確排定。在這方面，我們充分依據《郭店楚墓竹簡》已有的成説，同時也注意吸收報刊新發表的研究成果，力求釋文盡可能地接近準確。

關於文字臨摹，自八十年代以來，已出版竹簡的古文字工具書，大體不外采用手工摹寫和照片剪貼兩種手段，二者優劣利弊十分顯明。照片剪貼能保持古文字面貌的真實性，但其最大不足是難以有足够的清晰度。手工臨摹恰恰與其相反，它能使每個文字保持清晰，但稍有不慎即産生筆誤，從而使摹本失真。本編對簡文的摹録，采用傳統的手工臨摹和電腦掃描兩相結合的辦法，編撰一、二、三稿用手工摹寫，待釋文及版式排定以後，從第四稿起，采用電腦掃描録文。試驗的結果尚較爲理想。電腦掃描録文能兼備手工摹寫與照片剪貼二者之長，作到摹字形體準確、字迹清晰。這次試驗雖取得初步成效，而我們尚期待着讀者的檢驗和實踐經驗的再積纍。

郭店楚簡材料公佈兩年來，學術界對它的研究已廣泛展開，我們編寫本書希望能對這批楚簡文字的使用提供方便。限于我們的水平，書中疏漏之處，在所難免，企盼識者不吝指正。本書在編寫過程中得到河北省文物局、河北省文物研究所鼎立支持，荆門市博物館、文物出版社慨允使用圖版照片，張頷先生欣然爲本書題簽，李學勤先生在百忙中爲書作序，黄錫全先生撥冗審訂書稿，對此我們均深表感謝。

張守中

二〇〇〇年三月七日
於河北省文物研究所